Mitreden – Aufmerksamkeit erzielen

urania

Cornelia Fischer

Mitreden – Aufmerksamkeit erzielen

So verschaffen Sie sich Gehör

Bibliografische Information der Deutschen Bibliothek: Die Deutsche Bibliothek verzeichnet diese Publikation in der Deutschen Nationalbibliografie; detaillierte bibliografische Daten sind im Internet über http://dnb.ddb.de abrufbar.

Urania Verlag
Verlagsgruppe Dornier
Postfach 80 06 69, 70506 Stuttgart

www.urania-verlag.de
www.verlagsgruppe-dornier.de

Konzept, Redaktion und Produktion: interConcept Medienagentur, München
Gesamtherstellung: Hampp Media GmbH, Stuttgart

Fotos: S. 8: IFA/IT/tpl; S. 14: IFA/Int. Stock; S. 24: IFA/Diaf; S. 42: Superbild/Iconotec; S. 48: IFA/IT/tpl; S. 68: IFA/TPL
Illustrationen: Raimo Bergt, Berlin
Umschlaggestaltung: Behrend & Buchholz, Hamburg
Umschlagbild: Gerhard Steiner/CORBIS

Satz: interConcept Medienagentur, München
Druck: Westermann Druck, Zwickau

ISBN 3-332-01566-4

Reden Sie mit!

Liebe Leserin, lieber Leser,

Ihre Meinung ist gefragt, reden Sie mit! Denn Kommunikation bestimmt unser Leben, durch Kommunikation nehmen wir am Leben teil. Aber nur wer sich zu Wort meldet, wird auch gehört. Das ist manchmal gar nicht so einfach, man kann es jedoch lernen und üben. Und das lohnt sich! Denn wer die Kunst beherrscht, sich überzeugend mitzuteilen, der ist erfolgreich.
Der Partner soll Ihren Wochenendplänen zustimmen? Der Wohnungsnachbar den Fernseher leiser stellen. Der Autohändler Ihnen im Preis entgegenkommen? Ihr Bankbetreuer den Dispositionskredit erhöhen? Sie möchten Ihren Standpunkt im Schulelternbeirat vertreten, beim Bürochef einen Laptop beantragen? Und Sie fragen sich: „Wie sag ich's bloß?"
Wie oft schon haben Sie sich vorgenommen „Heute rede ich Tacheles!" und wollten sich so vor dem entscheidenden Gespräch mit dem Ehemann oder der Vorgesetzten Mut machen. Und dann war es doch nur wieder ein Herumreden um den heißen Brei und heraus kam bestenfalls ein fader Kompromiss. Wer etwas zu sagen hat, muss es auch sagen können.
Oder kennen Sie diesen Ärger: Warum habe ich wieder einmal nichts gesagt? Warum habe ich in einer Diskussion schon wieder den Kürzeren gezogen, bloß weil andere schlagfertiger sind?
Dieser Ratgeber geht der Sache auf den Grund und zeigt, wie sich jeder – in welcher Situation und wem gegenüber auch immer – Gehör verschaffen kann. Was Sie wann und wo zu sagen haben und wie Sie es am besten sagen, das hängt zum einen sicherlich von individuellen Voraussetzungen ab, aber es gibt auch grundlegende, allgemein gültige Regeln, wie Sie Ihre Anliegen, Wünsche, Pläne und Ideen mit den richtigen Argumenten, der treffenden Wortwahl und einem souveränen Auftreten erfolgreich vertreten.
Die folgenden Seiten bieten das entsprechende Know-how: Sie bekommen eine Anleitung zu zielorientierter Kommunikation und positiver Persönlichkeitswirkung an die Hand, auf die Sie sich verlassen können: Man wird auf Sie hören!

Cornelia Fischer

Sich Gehör verschaffen

Sich zu Wort melden, etwas zu seinem Gegenüber zu sagen, das ist doch kinderleicht. Doch hört man mir auch wirklich zu? Und wenn ja, wie schaffe ich es, dass ich die erhoffte Reaktion bekomme?

Koordinaten des Gesprächs

Sie haben etwas zu sagen. Zu einem Gesprächspartner. In einer bestimmten Situation. Und Sie wollen damit etwas erreichen. Das sind die vier Hauptelemente jenes speziellen sozialen Vorgangs, den wir zwischenmenschliche Kommunikation nennen und den wir im Folgenden näher betrachten werden.

Der Sprecher

Am Beginn des Kommunikationsprozesses steht die Person, die etwas sagen will. Sehen wir uns in unserem nächsten Bekanntenkreis um. Ist es so, dass alle, die selbstbewusst verhandeln, am Ende auch ihren Willen durchsetzen? Alle, die kompetent und willens sind, auch Erfolg haben? Und jene, die immer und überall das Wort führen, auch beliebt sind? Nicht unbedingt, werden Sie sagen und damit haben Sie Recht.

Besserwisser und Maulhelden zum Beispiel finden sehr selten Gehör, im Gegenteil, ihre Mitmenschen lassen eher die „Ohrenklappen" herunter. Denn um Gehör zu finden, braucht es mehr als Drauflosreden und siegessicheres Auftreten. Nur eine überzeugende Wortmeldung bleibt im Gedächtnis der Zuhörer haften. Dazu braucht es Aufmerksamkeit für den Ansprechpartner, ein gewinnendes Wesen – und ein klares Ziel. Dieses will mit Sachverstand, kluger Argumentation, einer Wortwahl, die Interesse weckt, manchmal auch mit Fingerspitzengefühl und Diplomatie, mit Ernsthaftigkeit oder auch mit Charme verfolgt sein.

Der Ansprechpartner

Wer auch immer es ist, Sie wollen etwas von ihm. Zunächst einmal seine Aufmerksamkeit. Bevor Sie daher das erste Wort an Ihren Gesprächspartner richten, sollten Sie sich Klarheit über die Gesprächsvoraussetzungen verschaffen. Überlegen Sie, was Sie verbindet und worauf Sie im Gespräch aufbauen können.

Bei einer langjährigen, vertrauten Freundschaft und innerhalb der eigenen Familie weiß man um die Stärken und Schwächen seines Gegenübers besser Bescheid. Hier können Emotionen mit einfließen und es genügen vielleicht kleine Andeutungen.

In der Berufswelt und Fremden gegenüber sind jedoch ganz andere Voraussetzungen gegeben, in solchen Fällen wird es in allererster Linie ein Sachverhalt sein, eine Information oder Ihr persönliches Interesse, das den Anlass zur Wortmeldung liefert, und Ihr Zuhörer ist für Sie sehr viel weniger berechenbar. Vielleicht müssen Sie mehr Überzeugungsarbeit leisten, mehr Verhandlungsgeschick aufbringen, sich gründlicher auf das Gespräch vorbereiten. Über die jeweiligen Anforderungen, welche die unterschiedlichen Gesprächspartner erfordern, müssen Sie sich unbedingt klar werden, ehe Sie in das Gespräch einsteigen.

Die Redesituation

Zwischen Tür und Angel kann man vielleicht Befehle erteilen, keinesfalls aber kompetent und überzeugend argumentieren. Je wichtiger Ihr Anliegen ist, umso mehr Zeit sollten Sie sich nicht nur für Ihre Gesprächsvorbereitung nehmen, sondern auch für das Gespräch selbst einkalkulieren. Bei besonders schwerwiegenden Gesprächsvorhaben – zum Beispiel einer Beschwerde bei einem Amt, einem Problem mit dem Lehrer seines Kindes, einer Reklamation bei einer teuren Ware, Schwierigkeiten in der Beziehung – wird man einen Termin vereinbaren oder eine besonders geeignete Gelegenheit abwarten.

Es ist auch nicht egal, wann man in einer Diskussionsrunde seine Stimme erhebt. In der einen Situation sollte man gleich zu Beginn etwas klarstellen, dann wieder ist es angebracht, sich erst einmal die Argumente der anderen anzuhören.

Aber auch die Art und Weise richtet sich nach den Umständen. Da mag einmal eine spontane Wortmeldung besser sitzen und ein andermal ein ausgefeiltes Statement.

Gehör finden!

Eine Verbesserung der Lebensumstände, Zufriedenheit und Erfolg, sowohl im Beruf als auch im Privatleben: Jeder will diese großen Ziele erreichen und hat dafür eine ganze Menge guter Gründe. Dazu kommen tagaus, tagein viele kleinere Anliegen, die sich aus dem Zusammenleben ergeben. Es gehört zu den typischen und legitimen Verhaltensweisen jedes einzelnen Menschen, seine Interessen zu verfolgen. Dies kann im Grunde aus zwei Positionen geschehen. Entweder möchte man aus der Lage des Schwächeren heraus Gehör finden – und erwartet sich damit eine Verbesserung der eigenen Situation – oder man agiert in einer Führungsrolle und kann von daher Aufmerksamkeit für seine Aussagen erwarten.

Um uns Gehör zu verschaffen, müssen wir zuerst unsere Interessen klar definieren.

Ob jemand seine Vorstellungen verwirklicht, hängt stark davon ab, wie er es versteht, seine Mitmenschen für sein Vorhaben zu gewinnen. Und das ist keine Hexerei! Um andere von den eigenen Ansichten zu überzeugen oder eigene Ansprüche als gerechtfertigt darstellen zu können, ist vor allem eines unerlässlich: das Ziel fest im Auge behalten. Signalisieren Sie von Anfang an, dass Sie selbst von der Wichtigkeit Ihres Standpunktes überzeugt sind. Andernfalls wird Ihr Gegenüber wohl kaum die Notwendigkeit sehen, sich auf ein Gespräch einzulassen oder sich Ihrer Meinung anzuschließen.

JETZT REDE ICH

Am Stammtisch (oder auch anderswo) erteilt so mancher das Wort sich selbst mit dem Satz: „Jetzt rede ich!“
So ein polterndes Gebaren mag fragwürdig scheinen, aber: Gesunde Selbstbehauptung gehört durchaus dazu, wenn man sich Gehör verschaffen will. Die erste Voraussetzung dafür: Sprechen Sie in der Überzeugung, dass Ihre Wortmeldung notwendig ist. Und melden Sie sich gerne und ruhig zu Gehör. Das sind wichtige Schlüsseleigenschaften: Wer sich selbst nicht gerne hört, wird seine Botschaft auch nicht zum anderen hinüberbringen, und wer nicht ruhig und gelassen spricht, sondern ungeordnet, aufgebracht oder hektisch, der macht das Zuhören unnötig schwer.

Warum, wann, bei wem Gehör verschaffen?

Es ergibt sich aus der Gesamtheit verschiedener Faktoren, ob jemand in einer bestimmten Situation das Wort ergreift oder lieber schweigt. Sehen wir uns also im Folgenden diese Faktoren etwas genauer an.

Typ, Situation, Bewertung

Manchmal sagt man von jemandem „Der hört sich gerne reden" und meint damit, das sei einer jener Menschen, die immer und überall glauben, etwas Wichtiges äußern zu müssen. Dann gibt es, am anderen Ende der Möglichkeitsskala, beharrliche „Schweigenaturen", denen man jedes Wort aus der Nase ziehen muss.
Aber auch die Redesituationen sind unterschiedlich, manche verlangen geradezu eine Reaktion, andere wiederum lassen es auch zu, dass man nichts sagt, und dann gibt es Momente, in denen man lieber schweigen sollte. Und schließlich kann auch die jeweilige Bewertung unterschiedlich ausfallen: Der eine findet, dass der Service im Restaurant zu langsam ist und beschwert sich lautstark, für den anderen sind die kleinen Verzögerungen nicht der Rede wert.

Die Gesamtheit dieser Faktoren bestimmt unser Redeverhalten, aus dem Kommunikationstyp, der Situation und der Bewertung resultiert, ob wir uns zu Wort melden und in welcher Form wir uns gegebenenfalls äußern.

Im Privatleben

Unsere von den drei Faktoren bestimmten Äußerungen erfolgen in den verschiedensten Lebensituationen, die vom privaten über den beruflichen Bereich bis hin zum öffentlichen Leben reichen. Sehen wir uns zunächst das Privatleben an. Es ist geprägt von unzähligen Gesprächen und darunter sind nicht wenige, in denen man sich Gehör verschaffen will. Meist sprechen wir über Alltagsfragen, hin und wieder geht es aber auch um die wirklich wesentlichen Dinge des Lebens, um Weichenstellungen, die eine gründliche Auseinandersetzung erfordern und in ihrer Dringlichkeit offensichtlich sind.
Bei diesen mehr oder weniger wichtigen Fragen kommt es aber immer wieder zu Missverständnissen. Und es sind gerade die in versteckten Botschaften verpackten Anliegen, die von den anderen nicht wahrgenommen werden. Sie aber summieren sich mit der Zeit zum Stoßseuf-

REGELN FÜR KONSTRUKTIVE GESPRÄCHE

- ☑ Echte Bereitschaft, miteinander zu reden
- ☑ Einigkeit über das Thema
- ☑ Klare Definition der eigenen Position
- ☑ Interesse an der Position des anderen
- ☑ Jeder spricht für sich selbst.
- ☑ Verzicht auf Schläge unter die Gürtellinie
- ☑ Kein Verstecken hinter allgemeinen Aussagen (das ist doch ..., alle sagen ..., man weiß doch ...)

zer: „Auf mich hört ja keiner!“ Die Bitte um Unterstützung, Wünsche, Forderungen, ja sogar das Angebot von Hilfe, all das verhallt oft ungehört. Diese fehlende Resonanz aber sorgt so früher oder später für Missverständnisse, Frustration und schließlich Konflikte.

Sich konstruktiv und kompetent zu Wort zu melden, heißt hier die Zauberformel der Gesprächsprofis. Und wenn Sie sich an die entsprechenden Kommunikationsregeln halten – sie sind in dem obigen Kasten aufgelistet –, dann werden Sie Ihren Gesprächspartner auch erreichen.

Im Berufsleben

Heute gehört kommunikative Kompetenz zu den Schlüsselqualifikationen für die berufliche Karriere. Dennoch: Wie oft passiert es, dass Mitarbeiter während einer Besprechung stumm am Bleistift kauen, hinterher aber gar nicht mit den Beschlüssen einverstanden sind.

Die Gründe für das Schweigen sind vielleicht Schüchternheit, die sich bis zu Ängstlichkeit vor unliebsamem Auffallen steigern kann, oder schlechte Vorbereitung. Manchmal beherrscht diejenigen, die sich nicht zu Wort melden, schlicht und einfach auch nur das diffuse Gefühl, mit der eigenen Meinung könne man ja doch nichts ändern, oder man ist überrumpelt von den Manövern anderer.

Für clevere Kollegen jedoch läuft es im Job wie geschmiert, weil ihre Strategie darin besteht, ihre Ziele inhaltlich hart, aber in der Form freundlich und diplomatisch zu verfolgen. Dabei orientiert sich diese erfolgreiche Kommunikationsstrategie immer an den beruflichen Notwendigkeiten: Diskussionen und Verhandlungen sind sachorientiert, eine Besprechung dient dazu, Sachverhalte zu klären und weitere Vorgehensweisen abzustimmen.

Und auch in der Arbeitswelt, egal

ob zwischen Gleichgestellten oder zwischen Vorgesetzten und Personal, sollte Kommunikation stets nach den Regeln des konstruktiven Dialogs ablaufen.
Dies gilt nicht zuletzt dann, wenn unterschiedliche Interessen aufeinander stoßen. Nur einer kann gewinnen? Mitnichten. Gutes Verhandeln zeigt immer die Merkmale des konstruktiven Gesprächs. Schlaue Füchse verfolgen die für alle Partner optimale „Win-Win-Strategie“: Aus der Verhandlung gehen zwei Sieger hervor, weil beide Gesprächspartner vom Ergebnis profitieren oder die beidseitigen Zugeständnisse gegenüber den Vorteilen weniger ins Gewicht fallen. Dazu müssen die Beteiligten im Verlauf des Gesprächs klar und unmissverständlich ihre Positionen vertreten, Zwischenergebnisse festhalten, Bedenken ausräumen, Lösungsvorschläge prüfen, mit einem Wort: dem anderen Gehör schenken.

In der Öffentlichkeit

Öffentliche Kommunikationssituationen gibt es viele. Der eine ergreift auf der jährlichen Mitgliederversammlung des Kulturvereins das Wort, der andere bringt auf der Sitzung der Bürgerinitiative seine Vorstellungen ein und der Kleinaktionär kritisiert auf der Hauptversammlung „seines“ Unternehmens die seiner Ansicht nach verfehlte Geschäftspolitik des Konzerns oder die hohen Vorstandsgehälter.
Es gibt unterschiedliche öffentliche Redesituationen, aber auch verschiedene Formen der Äußerung, wobei das Gesetz des Handelns oft nicht beim Einzelnen liegt. Eine Rede oder Ansprache etwa bildet einen zuvor festgesetzten Programmpunkt. Spontane Diskussionsbeiträge sind bei größeren Versammlungen erst unter dem Punkt „Verschiedenes“ der Tagesordnung erbeten, in manchen Fällen ist der Redebeitrag anzumelden oder die Redezeit beschränkt.

Von familär bis offiziell reichen die Situationen, in denen wir uns Gehör verschaffen müssen.

Gibt es nun auch verschiedene Situationen und Formen, so bleibt eines immer gleich: Die Öffentlichkeit, das sind viele Ohren, viele verschiedene Menschen mit vielen unterschiedlichen Meinungen. Wer sich hier Gehör verschaffen will, muss einen starken Eindruck machen – und hierfür spielt die Souveränität des Auftretens eine mindestens so große Rolle wie die überzeugende Botschaft.

Leben ist Kommunikation

Der Mensch ist ein soziales Wesen, kein Einzelwesen. Nur Einsiedler mit Schweigegelübde ziehen sich von der Welt zurück. Für die überwältigende Mehrheit der Menschen aber gilt: Leben ist Kommunikation.

Offene Ohren finden

Mit dem ersten Schrei sucht das Baby den Kontakt zu seiner Mutter. Wir alle streben Zeit unseres Lebens danach, Beziehungen zu anderen aufzubauen und in Gemeinschaft mit unseren Mitmenschen zu stehen, weil wir von Natur aus darauf angewiesen sind. Das tun wir durch unser Handeln, unser Auftreten, unser Aussehen, unser Reden. Die Qualität unseres Lebens ist in entscheidendem Maße von erfolgreicher Kommunikation mitbestimmt, dabei bildet die Sprache die wichtigste Brücke zu unseren Mitmenschen.
Die für uns Menschen so wichtige Kommunikationsfähigkeit kann man trainieren. Das gelingt leichter, wenn man sich einmal bewusst macht, wie Kommunikation überhaupt zustande kommt, welche Einflüsse auf sie wirken und nach welchen Regeln ihre erfolgreiche Anwendung funktioniert.

Zum Menschen sprechen

Mit Hilfe von Sprache versuchen wir, uns verständlich zu machen, das Verhalten anderer einzuordnen und zu interpretieren. Sprache ist ein wichtiges Element zum gegenseitigen Verstehen, Voraussetzung zur Zusammenarbeit, Medium unserer Gefühle. Der polnische Schriftsteller Stanislaw Jerzy Lec hat die oberste Kommunikationsmaxime präzise formuliert: „Es genügt nicht, dass man zur Sache spricht. Man muss zu den Menschen sprechen."
Was Lec damit meint, ist ganz klar: Wenn ich zu einer Sache, zu einem Thema, spreche, heißt das ja noch

lange nicht, dass die anderen sich diese meine Sache auch zu der ihren machen. Wer aber zu den Menschen spricht, dem ist es wirklich gelungen, offene Ohren zu finden, Aufmerksamkeit zu erzielen.
Wie aber spricht man nun zu den Menschen? Vor allem dadurch, dass man sie ernst nimmt und auf sie eingeht. Demzufolge begründet das Prinzip der Gegenseitigkeit auch das gute Gespräch: Ich achte darauf, wer du bist und was du denkst und sagst, und du achtest darauf, wer ich bin und was ich denke und sage.

Senden und Empfangen

Die Kommunikationspsychologie untersucht die zwischen uns Menschen ablaufenden Mitteilungsvorgänge. Sie kann aufzeigen, welche Ursachen Missverständnissen zugrunde liegen, und sie hat die Grundregeln einer effizienten Gesprächsführung herausgearbeitet. Dabei hat sie den Begriff Kommunikation sehr umfassend definiert und auch verschiedene andere als verbale Formen der Mitteilung mit einbezogen, zum Beispiel körpersprachliche Mittel wie Gestik und Mimik.
Da jegliche Kommunikation die Fähigkeit zur Wahrnehmung bedingt, lässt sich die Kommunikation zwischen Individuen als System darstellen: Dabei tritt ein Sender (Sprecher) über den Akt der Mitteilung mit einem Empfänger (Zuhörer) in Verbindung. Jeder ist eingebunden in ein Netz von Mitmenschen, jeder wirkt als Teil seines individuellen Beziehungssystems auf die anderen Personen dieses Systems ein und ist zugleich Empfänger der Signale, die von den anderen kommen – oder auch nicht kommen.
Jeder einzelne Kommunikationsprozess kann mit einer einfachen Fragenkette dargestellt werden: Wer? (Sender) – Sagt was? (Information) – Zu wem? (Empfänger) – Womit? (verbal/nonverbal) – Mit welcher Absicht? (Motiv, Ziel) – Mit welchem Effekt? (Zustimmung, Ablehnung, Indifferenz).
Entscheidend aber ist nun, dass dieses System gut funktioniert. Man kann das mit einem Vergleich sehr schön verdeutlichen. Schalten Sie das Radio ein: Nur wenn Sie den Sender präzise einstellen, empfangen Sie einen deutlichen Ton. Nur wenn Sie aufmerksam zuhören, verstehen Sie den Sprecher. Auf diesen einfachen Erkenntnissen beruhen auch alle Maximen für eine störungsfreie zwischenmenschliche Kommunikation.

Gestörte Kommunikation

Wenn eine Information zwar gesendet, aber vom Gesprächspartner nicht empfangen wird, dann liegt eine Kommunikationsstörung vor. Wenn eine Information gesendet, aber nicht verstanden wird, dann liegt ebenfalls eine Störung vor. Und es herrscht eine Unstimmigkeit, wenn eine Information gar nicht gesendet, aber vermeintlich empfangen wurde – auch das kommt vor!

Missverständnisse sollten produktiv genutzt werden, indem die Partner aus ihren Fehlern lernen und sich in ihrer Kommunikation besser aufeinander einstellen.

Mit diesem einfachen Kommunikationsschema lassen sich viele, tagtäglich zu beobachtende Missverständnisse und Konflikte sehr gut erklären: „Das habe ich so gar nicht gesagt!" – „Aber gemeint hast du es genau so!" – „Du hörst mir überhaupt nicht zu!" – „Und du verstehst mich nicht!" ... Wer hier wohl Recht hat? Das kommt ganz darauf an. Einmal drückt sich der Sender nicht korrekt aus, ein andermal missversteht der Empfänger den Sprecher und bisweilen kommunizieren beide Partner nicht kompetent.

Vier „Ohren"

Mit den von uns so oft gebrauchten Vorwürfen werden Vorgänge der Kommunikation beschrieben, die sich daraus erklären lassen, dass jeder Mensch mit vier „Ohren" hört. Bitte wie? Der bekannte deutsche Kommunikationswissenschaftler Friedemann Schulz von Thun hat es sehr einleuchtend mit seinem „Vier-Ohren-Modell" gezeigt: Mit jeder Nachricht kommen bei mir vier Botschaften an, die ich vierfach aufnehme: Mit einem „Ohr" verarbeite ich die bloße Information (Sachseite), mit dem zweiten „Ohr" empfange ich den Ausdruck der Persönlichkeit des Senders (Selbstoffenbarungsseite). Mit dem dritten nehme ich die Schwingungen der Beziehung auf, in der sich das Gegenüber mit mir befindet (Beziehungsseite). Und schließlich höre ich mit dem vierten „Ohr" den Appell, auf seine Botschaft zu reagieren (Appellseite).

Es liegt auf der Hand, dass dieser komplexe Vorgang sehr störungsanfällig ist, und wenn die zehn Gebote der Kommunikation – siehe nebenstehenden Kasten – von einem oder auch beiden Gesprächspartnern nicht eingehalten werden, dann gibt es Probleme.

Ein alltägliches Beispiel

So ist das falsche Senden von Appellen häufig ein Grund für misslingende Kommunikation. Hier ein alltägliches, banales Beispiel: Das

Ehepaar Brause sitzt morgens bei der Zeitungslektüre. Frau Brause sagt zu ihrem Mann: „Die Kaffeekanne ist leer." Herr Brause brummt hinter der Zeitung: „Hmmm." Frau Brause meckert: „Immer muss ich aufstehen und alles machen." Analysieren wir den „Ehestreit", so sehen wir, dass Frau Brause einen „verdeckten Appell" gesendet hat. Eigentlich hatte sie gemeint, dass ihr Mann für frischen Kaffee sorgen solle. Da sie diese Absicht nicht offen geäußert hat, war die Reaktion von Herrn Brause unentschieden, woraus seine Frau wieder das Recht ableitete, beleidigt sein zu können. Hätte sie dagegen klar und deutlich eine Bitte formuliert: „Machst du uns noch zwei Tassen Kaffee, bitte? Ich möchte den Artikel gerne weiterlesen", dann hätte ihr Mann jedenfalls nicht nur brummend Antwort geben können.

ZEHN GEBOTE DER KOMMUNIKATION

☑ 1. Gebot: Sprich deutlich und eindeutig.

☑ 2. Gebot: Sei aufrichtig und ernsthaft – „offen gesagt".

☑ 3. Gebot: Bleibe sachlich und sprich zum Thema – den Tatsachen ins Auge sehen.

☑ 4. Gebot: Fasse dich kurz – kurz und gut.

☑ 5. Gebot: Sprich gegliedert – eins nach dem andern.

☑ 6. Gebot: Sei so informativ wie erforderlich, sei aber nicht informativer als erforderlich.

☑ 7. Gebot: Beziehe deine(n) Zuhörer durch Fragen in deine Wortmeldung mit ein.

☑ 8. Gebot: Sei verständnisvoll.

☑ 9. Gebot: Sei tolerant.

☑ 10. Gebot: Höre dem anderen ebenso aufmerksam zu, wie du möchtest, dass er dir zuhört.

Die Sinne sind Kommunikationskanäle

Es sind nicht nur gute und schlechte Absichten, unterlassene oder vollbrachte Taten, klug oder falsch gewählte Worte, die unsere Kommunikation bestimmen. Kommunikation ist notwendigerweise komplex und diese Komplexität wird dadurch erreicht, dass sich unsere vielschichtigen Persönlichkeitsanteile über alle unsere Sinne vermitteln können.

Wir sollten ein Gespür entwickeln für die verborgenen Schichten, die sich hinter unseren alltäglichen Gesprächen befinden. Wahrnehmungsorgane sind nicht nur unsere

Ohren. Alle unsere Sinnesorgane sind fähig zur Wahrnehmung, auch die Haut. Informationsübermittlung erfolgt nicht nur durch Worte, sondern in vielen Situationen auch durch Berühren, Riechen, Sehen. Man sagt: „Ich kann diesen oder jenen nicht riechen", und gibt damit zu verstehen, dass auf der Beziehungsebene zu den gemeinten Personen etwas nicht stimmt. Im Umgang mit Menschen mit besonderen Bedürfnissen – etwa Kranke oder Trauernde – muss Kommunikation mit erhöhter Sensibilität erfolgen.

Nonverbale Elemente spielen in der menschlichen Kommunikation eine zentrale Rolle.

Die Signale müssen stimmen

Die Sprache des Körpers hat im Grunde genommen immer wesentlichen Einfluss auf das eigene und das fremde Kommunikationsverhalten. Was nützt ein nettes Wort, wenn wir gleichzeitig bedrohlich wirken? Und was das tollste Kompliment, wenn der Kavalier sich dabei nach einer anderen Frau umsieht? Was eine herzliche Begrüßung, wenn die Hand nur schlaff gegeben und sofort wieder zurückgezogen wird? Beobachten Sie Ihre eigene Körpersprache und die Ihrer Mitmenschen immer wieder in den verschiedensten Situationen. Sie werden dabei erfahren, wie viele wirkungsvolle, aber auch wie viele falsche Signale wir alle aussenden.

Körpersprache richtig einsetzen

Doch Vorsicht vor einstudierten Gesten. Bei Medienstars und öffentlichen Personen kann man sehr genau sehen, wo die Show anfängt oder das Talent zur Selbstdarstellung fehlt. Es ist eine kunstvolle Gratwanderung: Die Glaubwürdigkeit der eigenen Persönlichkeit kann durch gezielt eingesetzte körpersprachliche Mittel unterstrichen werden, sie kann aber auch Schaden nehmen. Im Kapitel „Meine Persönlichkeit" (Seite 24 bis 39) lesen Sie dazu mehr.

Das Gespräch

Den wechselseitigen Ablauf von sich aufeinander beziehenden Akten zwischen zwei oder auch mehreren Personen bezeichnen Fachleute als Interaktion. Handelt es sich bei diesen Handlungen um Sprechakte, dann haben wir es mit einem Dialog zu tun, der die häufigste und zugleich auch komplexeste Form der Kommunikation darstellt. Ein isolierter Sprechakt ist

ZIELGERICHTET SPRECHEN

Zielgerichtet sprechen heißt, seine Überzeugung vertreten. Zielgerichtet wirkt, wer seine Überzeugung mit Gelassenheit und Selbstsicherheit klar in Worte zu fassen vermag. Dazu gehört erstens eine feste Stimme und eine deutliche Aussprache. Tipp: Beobachten Sie die Sprechweise der Nachrichtenprofis im Fernsehen. Sie artikulieren auch die Endsilben der Worte deutlich und achten auf einen gleichmäßigen Redefluss mit Atempausen.

Zum zielgerichteten Sprechen gehört zudem eine deutliche Aussage. Artikulieren Sie Ihre Ziele und Ihren Standpunkt klar und deutlich und achten Sie darauf, auch die Meinung Ihres Gegenübers einzuholen. So gewinnen Sie im Gespräch eine souveräne Position: „Ich bin ziemlich sicher ...“ – „Ich würde dazu gerne deine Meinung hören ...“
„Ich schlage vor, dass wir diesen Punkt näher diskutieren ...“ – „Was ist dein Standpunkt?“

noch kein Gespräch. Gespräch heißt immer Austausch: Erst eine Abfolge von Wort und Antwort, und sei sie auch noch so kurz und leichtgewichtig, verdient die Bezeichnung Dialog.

Gut sprechen und gut zuhören

Beim interaktiven Gespräch kommt es nun vor allem darauf an, nicht nur gut zu sprechen, sondern zugleich auch gut zuzuhören. Denn nur wer gut empfängt, teilt sich auch erfolgreich mit. Diese Form des fruchtbaren Dialogs zu beherrschen, ist gar nicht so schwer. Tatsächlich besitzen alle Gesprächsteilnehmer, die sich an die zehn Gebote sprachlicher Kommunikation halten, die Mittel für ein gutes Gesprächsklima.

Ziele verfolgen

Ergreift eine Person das Wort, in welcher Situation auch immer, dann verfolgt sie eines oder mehrere von vier möglichen Zielen:

1. Informieren
2. Beeindrucken und überzeugen
3. Beeinflussen beziehungsweise zum Handeln bewegen
4. Unterhalten

Gespräche sind zweckorientiert

In der Tat sind alle Gespräche zweckorientiert. Einerlei, ob ich jemanden davon zu überzeugen suche, dass er für sein berufliches Fortkommen einen Weiterbildungskurs besuchen sollte, oder dem Mitarbeiter des Einwohnermeldeamtes meine neue Adresse mitteile. Auch wenn ich meinem Sohn sage, wie toll sein neuer Haarschnitt ist, oder meiner besten Freundin in ihrem Liebeskummer mit tröstenden Worten beistehe, verfolge ich einen Zweck. Hier liegt die Absicht eben im emotionalen Bereich (auch uneigennütziges Handeln erfolgt mit Absicht). Im Beruf kann die geschickte Gesprächsführung bares Geld wert sein, in privaten Beziehungen beruht auf guter Kommunikation das persönliche Glück.

Je besser man sich seine Ziele klar macht, desto erfolgreicher wird man kommunizieren.

Der falsche Zeitpunkt

Doch Achtung! Nicht immer sind unsere Wortmeldungen angebracht. Sie haben keinen Sinn, wenn das Gesprächsziel nicht zur Gelegenheit passt oder nicht dem Befinden der Zuhörer entspricht. Wer mit der gestressten Kollegin ein Plauderviertelstündchen abhalten möchte, wird in ihr keine geeignete Zuhörerin finden. Müden Schulkindern die Mengenlehre erklären zu wollen oder Vereinsverlautbarungen in der Pause des Fußballspiels zu verkünden, das sind Absichten, die ihr Ziel garantiert verfehlen werden.

Gezielt kommunizieren

Alle unsere Wortmeldungen finden also in einer ganz bestimmten Redeabsicht statt. Jede Äußerung zu einem Gesprächspartner besitzt Überzeugungscharakter. Wortmeldungen sollen das Gegenüber in dieser oder jener Absicht gezielt erreichen.
Machen Sie sich diese grundlegende Erkenntnis zur menschlichen Kommunikation eine Zeit lang deutlich, indem Sie, bevor Sie noch „den Mund aufmachen“, das jeweils zutreffende Gesprächsziel für sich definieren. So lernen Sie, Ihre eigenen Absichten bewusst wahrzunehmen und zu verfolgen. Denn: Nur wer sein Ziel kennt, kommt dort auch an.

Informieren und überzeugen

Wir begegnen ihr überall: in Erläuterungen, Auskünften, Berichten, Lehrstoffen, Bilanzen, Mitteilun-

ÜBERZEUGEND REDEN VON A BIS Z

- ☑ A Selbstbewusstes Auftreten
- ☑ B Begeisterung für die Sache
- ☑ E Vom Einfachen zum Komplizierten vorgehen
- ☑ F Fragen motivieren zum Mit- und Nachdenken.
- ☑ G Glaubwürdigkeit
- ☑ I Betonen Sie gemeinsame Interessen.
- ☑ K Kompetenz
- ☑ S Sachlichkeit
- ☑ T Entwicklung des Themas in logischer Reihenfolge
- ☑ U Stellen Sie Übereinstimmungen fest.
- ☑ W Wahrhaftigkeit
- ☑ Z Ziel konkret formulieren

gen, Bescheiden, Erklärungen, Meldungen und Nachrichten. Die Rede ist von der Sachlichkeit. Sachlichkeit und Nüchternheit sind allerdings keinesfalls gleichzusetzen mit emotionaler Impotenz. Und die Übergänge zwischen Informieren und Überzeugen sind fließend, genauso wie sich im Kommunikationsvorgang Sach- und Beziehungsaspekte gegenseitig durchdringen.
Sehen wir uns die Werbung im Fernsehen an: Hier bekommen wir auf durchaus unterhaltsame Weise persuasive Kommunikation pur vorgeführt. In wenigen Sekunden wird Ihnen demonstriert, warum Sie mit diesem Auto am besten fahren, dieser Joghurt gut für Ihre Fitness ist, diese Creme Ihre Falten wegzaubert. Werbung ist also nicht nur sachliche Produktinformation, sondern sie will, und zwar durchaus unter Einsatz unterschwelliger Techniken, potenzielle Kunden erreichen, überzeugen und zum Kaufen bewegen.

Kreativer Dialog

Die Kunst zu überzeugen ist freilich nicht nur ausgebufften Werbefachleuten vorbehalten. Und wenn wir alle auch die typische Einweg-Kommunikation kennen, bei der Anweisungen und Belehrungen von oben ergehen und unten ausgeführt werden, so ist dieses Redeverhalten erwiesenermaßen schlecht. Der Dialog und die Begeisterung für eine Aufgabe sind auch im Berufsleben der bessere Weg, Ziele in kreativer Zusammenarbeit zu verfolgen. Partnergerecht und zweckorientiert sprechen, das sind nicht einander widerstrebende Kommunikationsvorgaben, sondern konstruktive Gesprächsfaktoren für einen befriedigenden Arbeitsprozess.

Lass dein Herz sprechen

Zwischen den geflügelten Worten „Wes das Herz voll ist, des gehet der Mund über" bis zu „Werden Sie jetzt nicht persönlich!" entfaltet sich das große, noch lange nicht systematisch erforschte Thema Emotionen in der Kommunikation. Gefühle spielen in ihr eine zentrale Rolle, und wer emotionale Kompetenz zeigt, der ist auf dem Weg des Erfolgs.

Jeder kennt die alte Lebensweisheit: „Geteilte Freude ist doppelte Freude, geteiltes Leid ist halbes Leid." Wir alle haben das große Bedürfnis, unsere Freude und Begeisterung gegenüber unseren Mitmenschen kundzutun oder unsere Verzweiflung und Trauer zum Ausdruck zu bringen.

Gefühle beherrschen das Leben

Das Leben wird bestimmt von Wünschen und Hoffnungen. Wir wollen diese äußern und unsere Ziele erreichen, wobei wir versuchen, an die Emotionen des Gegenübers zu appellieren. Und wir sind nicht zuletzt fähig, die Gefühle unserer Mitmenschen ernst zu nehmen und uns von ihnen anrühren zu lassen. Das wiederum gibt uns die Gewissheit, dass wir den anderen mit unseren Gefühlen erreichen. Kurz: Emotionen spielen in unserem Leben und nicht zuletzt in unserer Kommunikation eine überragende Rolle. Dies sollten wir uns immer wieder klar machen und daran unsere Kommunikationsstrategien ausrichten.

Sensibilität im Umgang mit Gefühlen

Aus unseren Alltagserfahrungen wissen wir alle, dass Gefühle einmal erlaubt, ja erwünscht, ein andermal aber verpönt sind. Hier ist eine große Sensibilität im Umgang mit unseren Mitmenschen gefragt. Auf das Gespür für die richtige Situation kommt es an. Und wenn Emotionen gefragt sind, dann müssen sie richtig geäußert werden. Die Gefühle des anderen ernst zu nehmen, ist dabei ein Gebot der Höflichkeit, die eigenen Gefühle zu beherrschen, ebenfalls. Wer aber missmutig ist – so lautet eine alte Regel –, der sollte gar nicht erst unter Leute gehen!

Emotionale Kompetenz

Nicht von ungefähr haben die Schlagwörter von der „emotionalen Kompetenz" und der „emotionalen Intelligenz" die Runde gemacht. Dabei geht es darum, die eigenen und vor allem die Gefühle und Wünsche des Gegenübers zu erkennen und ihnen Rechnung zu tragen. Es gilt, Gefühle und Bedürfnisse zu berücksichtigen, sie anzusprechen,

sie hervorzurufen, sie zu verstärken oder zu reduzieren und sie produktiv einzusetzen, um ein Ziel zu erreichen.
So viel ist sicher: Wer die Gefühle der Menschen richtig anspricht, erreicht mehr als mit intellektueller Brillanz (auch wenn diese natürlich sehr wichtig ist). Positive Gefühle zu erregen, ist daher ein Erfolg versprechender Weg, um Gesprächsziele zu erreichen. In diesem Zusammenhang können wir eine Menge von den Werbeprofis lernen: Selbst wenn die vorgebrachten Argumente unseren Verstand von der Qualität eines Produkts überzeugen, den eigentlichen Kaufimpuls verursachen in der Regel emotionale Entscheidungen.

Emotional kommunizieren

Eine Vielfalt von Gefühlen beeinflusst unsere Wahrnehmung, Erinnerungen, Gedanken. Unsere Emotionen wirken zunächst einmal in uns selbst: die guten Gefühle wie Liebe, Lust, Freude, Wohlbehagen, Genugtuung, Begeisterung, die negativen wie Angst, Zorn, Frustration, Neid, Hass, Eifersucht. Doch beeinflussen natürlich unsere Emotionen auch den Gesprächspartner, so wie seine Emotionen wiederum auf unser Kommunikationsverhalten zurückwirken. Spüren wir Emotionen bei unserem Gegenüber, dann passen wir unser Verhalten entsprechend an und führen somit eine positive Gesprächssituation herbei. Wir werden angelächelt? Dann lächeln wir zurück. Wir zeigen Interesse an unserem Gegenüber, indem wir uns nach seiner Lebenssituation erkundigen, unser Partner wird auch Interesse an uns zeigen. Und dieses Interesse wiederum lässt sich nutzen, um unseren Gesprächspartner für unsere Sachargumente zu gewinnen.
Eines gilt es dabei aber immer zu bedenken: Gefühl und Verstand sprechen nicht dieselbe Sprache. Wir können über unsere Gefühle reden, aber bei dieser verbalen Übersetzung gehen meist wichtige Informationen verloren. Unser Partner kann diese nicht direkt übermittelten Informationen teilweise ahnen – hier spielt die Körpersprache eine große Rolle – und in seinem eigenen Empfinden rekonstruieren. Diese Fähigkeit emotionaler Kommunikation ist im privaten wie im beruflichen Bereich, aber auch im Alltag von enormer Wichtigkeit.

Steuerung durch Verstand

Die Kehrseite der Medaille: Mein Gefühl sagt mir, dass ich absolut im Recht bin. Und der Streitpartner nimmt genau die gleiche Position ein. Jeder unterstellt darauf dem anderen Dummheit, Unfähigkeit, Bösartigkeit, Unwille, Lieblosigkeit. Hier hilft nur eines: der Verstand! Mehr Informationen, um den Streit zu entscheiden, mehr Nachdenken über den Standpunkt des anderen, mehr Dialogbereitschaft, mehr Wille zum Kompromiss. Wie Sie Emotionen wieder in den Griff bekommen, vor allem aber wie Sie an Emotionen appellieren und Ihre eigenen Emotionen als „Hilfsarbeiter“ für Ihre überzeugende Argumentation verwenden, all das lesen Sie auf Seite 34 bis 36.

Meine Persönlichkeit

„Ein gewinnendes Wesen", „eine einnehmende Persönlichkeit": Schon in der Beschreibung von beliebten Menschen wird deutlich, dass sie leicht mit anderen in Beziehung treten und viel Aufmerksamkeit erfahren.

Eine positive persönliche Bilanz

Jeder Mensch ist auf seine Art einzigartig, keiner gleicht dem anderen. Und dennoch gibt es unter den Menschen Ähnlichkeiten, körperliche wie psychische.

Menschen ähneln sich

Diese Ähnlichkeiten erlauben es, die Menschen in verschiedene Kategorien zu unterteilen, und so hat man schon im Altertum eine allgemeine „Typenlehre" entwickelt, die zur Menschenkenntnis beitragen sollte. Den vier Temperamenten entsprechend, unterschied man zwischen dem Sanguiniker (Lebhaft-Heiteren), dem Choleriker (Aufbrausenden), dem Phlegmatiker (Trägen) und dem Melancholiker (Traurigen). Daneben gibt es eine ganze Reihe weiterer Klassifizierungen, welche die Menschen nach astrologischen, medizinischen oder psychologischen Kriterien zusammenfassen. Und es lassen sich sogar bestimmte Eigenschaften ausmachen, die mehr oder weniger auf alle Menschen zutreffen beziehungsweise die sich jedermann und jede Frau aneignen können. Dazu zählen einige Persönlichkeitsmerkmale, die uns befähigen, die beifällige Aufmerksamkeit der Umwelt zu erlangen.

Die „Überzeugungspyramide"

Diese allgemeinen Persönlichkeitsmerkmale sollten Ihre Persönlichkeit, den Grundstock Ihrer „Überzeugungspyramide", bestimmen. Die „Überzeugungspyramide" zeigt eindrucksvoll, dass es in erster Linie die Persönlichkeit eines Menschen ist, dann seine Stimme und Rede und zum kleinsten Teil der Inhalt, die Aussage, die bei einem Überzeugungsvorgang ausschlaggebend ist. Wussten Sie, dass Sie am meisten profitieren, wenn Sie an Ihrer eigenen Persönlichkeit arbeiten?

Arbeit an der eigenen Persönlichkeit

Der Pessimist ist der einzige Mist, auf dem nichts wächst. Seien Sie also optimistisch und denken Sie positiv. Selbstvertrauen ist eine Lebenskraft. Wenn es Ihnen daran mangelt, dann werden Sie Ihr eigener Erfolgstrainer und ziehen Sie tagtäglich eine positive Bilanz.

Ein persönlicher Erfolgs-Check

Folgende Impulse helfen Ihnen beim persönlichen Erfolgs-Check für eine positive Tagesbilanz:

→ Was habe ich heute besonders gut gemacht?

→ Welche Probleme konnte ich heute lösen, welche Schwierigkeiten überwinden?

→ Was habe ich heute geleistet?

→ Was hat mich heute gefreut?

→ Welche menschlichen Begegnungen haben heute mein Leben bereichert?

→ Für welches Erlebnis bin ich dankbar?

→ Was will ich vom heutigen Tag in Erinnerung behalten?

POSITIV SPRECHEN

Positiv denken und positiv sprechen, das ist eins. Verändern Sie Ihren Sprachschatz. Ersetzen Sie negative Worte und Botschaften durch positive Begriffe und Ihre ganze Persönlichkeit erhält einen Energieschub. Denken Sie an das bekannte Bild vom Glas, das als halb leer, doch genauso richtig als halb voll interpretiert werden kann. Negatives Denken und Reden wirkt lähmend und frustrierend auf die eigene Person und die Umgebung. Ihr Unterbewusstsein arbeitet für Sie und Ihre gewinnende Außenwirkung, wenn Sie Wohlbefinden durch Sprache signalisieren. Hier ein paar Beispiele für eine positive Sprache:

„gut ausgelastet“ statt „überfordert“
„sparsam“ statt „geizig“
„vorsichtig“ statt „ängstlich“
„aktiv“ statt „nervös“
„wissbegierig“ statt „dumm“
„sorgfältig“ statt „langsam“

POSITIV BEEINFLUSSEN

Weil Geist und Körper zusammen ein System bilden, besitzen Sie eine positive Ausstrahlung, wenn Sie ein gutes Bild von sich haben: Bei intensiven Glückszuständen sind wir entspannt und atmen tief.
Umgekehrt funktioniert es genauso! Bei einer aufrechten, entspannten Haltung, mit erhobener Stirn und zurückgenommenen Schultern, entwickelt der Körper ganz von selbst angenehme Gefühle. Sie können den Gegentest machen: Lassen Sie Ihren Kopf sinken, runzeln Sie die Stirn, kneifen Sie die Augen und die Mundwinkel zusammen, atmen Sie flach und denken Sie dabei an etwas Lustiges oder Freudvolles – Sie werden merken, dass das nicht so recht gelingen mag. Ihre Haltung sagt also viel über Ihre innere Verfassung aus. Und eine aufrechte, freie Haltung hebt Ihre Stimmung und sorgt für Ihre positive Ausstrahlung.

Eine positive Erfolgsbilanz stärkt unser Selbstwertgefühl ganz ungemein. Mit einem guten Nebeneffekt: Nur wer mit sich selbst gut umgeht, der kann auch mit anderen gut umgehen. Und mit den anderen sollten wir unbedingt gut umgehen, denn das ist die Grundvoraussetzung für ein für alle Seiten positives Zusammenleben.

Sprecherprestige

Unter Sprecherprestige versteht man das Ansehen, das der Sprecher beim Hörer genießen muss, damit seine Worte empfangen werden. Folgende Eigenschaften spielen für das Sprecherprestige eine wichtige Rolle:

- Durchsetzungsvermögen
- Bestimmtheit im Auftreten
- sympathischer Eindruck
- positive Lebenseinstellung
- Entschlossenheit
- Humor gegenüber den eigenen und den Schwächen anderer
- Glaubwürdigkeit
- Ernsthaftigkeit

Beobachten Sie sich immer wieder selbst und schauen Sie, ob diese Eigenschaften „rüberkommen“. Selbst in fröhlicher Runde, wenn es um nichts anderes als um gute Unterhaltung geht, funktioniert unsere Aufmerksamkeit so, dass wir lieber dem zuhören, der sich selbstbewusst präsentiert, pointiert spricht, eigene Erlebnisse glaubhaft zum Besten gibt als einem Schwadronierer, Aufschneider oder Tiefstapler.

Glaubwürdigkeit

Sprecherprestige und Glaubwürdigkeit sind untrennbar miteinander verbunden. Wie wird man aber glaubwürdig? Wie wird man unglaubwürdig? Ehrlichkeit misst sich an Fakten und nicht zuletzt am eigenen Handeln: an vergangenen Taten des Sprechenden ebenso wie zukünftigen. Der augenblickliche Sprechakt muss authentisch wirken. Die Glaubwürdigkeit des Sprechers beurteilt der Zuhörer mit der Frage: Wie verhalten sich seine Worte zu seinen Taten? Wie verhalten sich seine Worte zu den Fakten? Seien Sie also in Ihren Aussagen wahrhaftig:

- Übertreiben Sie nicht Ihre eigenen Stärken und Erfolge maßlos.
- Stehen Sie auch einmal selbstkritisch zu einer Schwäche oder einem Fehler.
- Machen Sie keine Versprechungen, von denen Sie wissen, dass Sie sie nicht halten können.

Auch wenn es nach dem italienischen Politiker und Schriftsteller Niccolò Machiavelli (1469–1527) vor allem darauf ankommt, rhetorisch zu blenden und zu imponieren, um Erfolg zu haben, bleiben Sie bei der Wahrheit oder schweigen Sie: Die rhetorische Scheinwelt, die am Ende nicht entlarvt würde, gibt es nicht, der Imageschaden aber ist dann gewaltig und mit der positiven Außenwirkung ist es vorbei. In diesem Zusammenhang brauchen wir beispielsweise nur an die beiden Tatbestände Wahlversprechen und politisches Tagesgeschäft zu denken ...

Ein Sprecher wird aber nicht nur unglaubwürdig, wenn seine Worte und Taten nicht übereinstimmen, sondern auch dann, wenn das Zusammenspiel von Worten und körpersprachlichen Zeichen nicht harmoniert. Achten Sie deshalb darauf, dass Ihre Aussagen durch eine dazu passende Gestik und Mimik unterstrichen werden: Eine mit einem mürrischen Gesichtsausdruck vorgetragene Gratulation wirkt nicht sehr überzeugend, und eine Beileidsbekundung, die von einem Lächeln begleitet wird, drückt kein wirkliches Mitgefühl aus, wird aber den Trauernden verunsichern, ja verletzen!

Um Glaubwürdigkeit zu erzielen, müssen Aussagen und Körpersprache zusammenpassen.

Und schließlich tritt ein Verlust von Glaubwürdigkeit dann ein, wenn man nicht so spricht, wie es der Hörer in der jeweiligen Situation aufgrund der Konventionen erwarten muss und darf: Ein Sprecher wird unglaubwürdig, wenn er etwa in einer schwierigen Lage oberflächlich agiert oder seine Körpersprache Fluchtgebaren signalisiert. Auf die entsprechenden Körpersignale werden wir im nächsten Abschnitt eingehen.

Ernsthaftigkeit oder Spaß

Die Frage, ob eine Aussage ernst oder als Spaß gemeint ist, spielt auch eine entscheidende Rolle bei der Kommunikation. Tatsächlich muss bei der Interpretation einer jeden Äußerung als Erstes von uns entschieden werden, ob sie ernst gemeint ist oder nicht. Der Sprecher, der sich hier kompetent zeigt, legt einen festen Grund für das Verstehen. Näheres zu den entsprechenden Zeichen der Ernsthaftigkeit und des Spaßes finden Sie in nebenstehendem Kasten.

Körpersprache

Unsere Körpersprache ist unsere „Gefühlssprache“, die wir meist unkontrolliert benutzen. Deshalb kann es passieren, dass Worte nicht der wirklichen Einstellung entsprechen, die Körpersprache aber die wahre Haltung signalisiert. Vielleicht sagt unser Mund nein, aber unsere Augen, unsere geöffneten Arme verraten, dass unser Gefühl schon ja gesagt hat. Wenn unser Gesprächspartner das richtig interpretiert, wird er uns leicht auch die mündliche Zusage entlocken.

Der Körpersprache Rechnung tragen

Unsere Körperhaltung, Gestik, Mimik und Stimme sind immer Teil eines Gesprächs. Selbst wenn wir nichts sagen, drücken wir durch unser nonverbales Verhalten etwas aus. Die Zeichen der Körpersprache zu erkennen, sie richtig auszulegen und selbst anzuwenden, erleichtert die zwischenmenschliche Kommunikation. Beobachten Sie Ihr Gegenüber: Was bedeutet es, wenn er sich auf die Lippen beißt? Die Stirne runzelt? Oder aber die Arme weit öffnet? Schmunzelt? Wir registrieren auch winzige Signale, und sei es unterbewusst. Unversehens geraten wir so in eine positive oder eine negative Beziehung zum Gesprächspartner.

Selbst professionelle Trainer sind sich in der Interpretation nonverbaler Botschaften allerdings nicht immer einig. Kulturelle Unterschiede, sozial geprägte Verhaltenscodes, altersbedingte oder geschlechtsspezi-

ZEICHEN DER IRONIE UND DER ERNSTHAFTIGKEIT

Einen ironischen Satz spricht man gerne mit einem Augenzwinkern, aber auch ein die Aussage begleitendes Lächeln kann Ironie signalisieren und gespielte Überraschung wird oft von einem Händeklatschen begleitet.
Eine ernst gemeinte Äußerung hingegen unterstreicht der Sprecher durch einen entsprechend ernsten Gesichtsausdruck. Ernsthaftigkeit lässt sich auch dadurch deutlich zum Ausdruck bringen, dass man die Hand im Takt der Sprache auf und ab bewegt. Dabei bleibt sie entweder ganz geschlossen oder der Zeigefinger wird bei ansonsten geschlossenen Fingern ausgestreckt. Dass etwas ernst gemeint ist, kann aber natürlich auch mit einer entsprechenden Äußerung klargestellt werden: „Ich muss mit dir ein ernstes Wörtchen reden."
Gerade für Eltern und Lehrer ist es außerordentlich wichtig, alle Zeichen der Ernsthaftigkeit zu kennen und richtig und deutlich zu benutzen, so dass die Kinder und Schüler auch wirklich merken: Jetzt wird es ernst!

fische Besonderheiten lassen sich nicht in ein allgemein gültiges Schema einordnen. Wir Menschen sind, trotz der durchaus zu beobachtenden Verhaltensklischees, Individuen. Und das ist gut so.

Haltung und Auftreten

Wenn Sie einen Raum betreten, dann bleiben Sie nicht zögerlich im Türrahmen stehen, sondern treten Sie entschlossen vor und füllen Sie mit Ihrer Präsenz den Raum. Gehen Sie mit festem Schritt, offenem Blick und einem freundlichen Lächeln locker auf die Menschen zu. Nehmen Sie „Haltung" an, hängende Schultern, ein krummer Rücken und ein gesenkter Kopf wirken nicht sehr überzeugend. Denn sobald Sie sich unter Menschen begeben, prüfen die Umstehenden Ihre Haltung und Ihr Auftreten.
Nur wer freundliche Selbstsicherheit ausstrahlt, der kann mit Respekt und Anerkennung rechnen. Begrüßen Sie im Anschluss an diesen positiven „Eintritt" die Anwesenden und stellen Sie sich gegebenenfalls vor, damit geben Sie auch den anderen die Möglichkeit, sich vorzustellen. Dieser gewinnende

STIMMBILDUNG

Stimmbildung setzt sich zusammen aus energetischen und Entspannungsübungen, Training der Körperhaltung und der Atmung und natürlich Sprechübungen. In Stimmschulungsseminaren, die etwa in vielen VHS-Programmen zu finden sind, in jedem Chor, ja sogar zu Hause vor dem Badezimmerspiegel lässt sich die Stimme trainieren. Beginnen Sie mit folgenden Übungen zu Atmung und Artikulation.

Yoga-Atmen: Das rechte Nasenloch mit dem Finger schließen, durch das linke ein, zwei Minuten lang tief und ruhig ein- und ausatmen. Dann umgekehrt. Schultern dabei locker hängen lassen. Diese Übung fünf bis zehn Minuten lang durchführen.

Zwerchfellaktivierung: Mit F-Lippenhaltung lange und dabei stetig forcierend einatmen (F–FFFFF), mit S-Zungenhaltung lange und dabei stetig forcierend ausatmen (S–SSSSS).

Artikulationsübung: Einen Vokal oder Konsonanten gezielt trainieren: „Gut“, „Mut“, „Flut“ – „Saat“, „Tat“, „Grat“: Das u oder a länger aushalten, mit dem t bewusst abspannen.

Auftritt ist bereits die halbe Miete. Sie haben nun bereits eine Brücke zu den anderen geschlagen und eine solide Grundlage für die weitere Kommunikation gelegt.

Die Stimme

Wenn ich beim Zuhörer ankommen will, muss ich ihn auch mit der Stimme beeindrucken. Mit stimmlichen Mitteln kann ich den Inhalt meiner Aussage verdeutlichen und ihn nicht zuletzt lebendig, interessant und fesselnd für die Zuhörer machen. Zudem lege ich mit meiner Stimme eine emotionale Komponente – hinsichtlich meines Themas und meines Gegenübers – in die Aussage.

Die hohe Tonlage ist schwieriger zu empfangen, als eine mittlere und dunkle. Eine schrille, sich überschlagende oder krächzende Stimme trägt nicht dazu bei, den Zuhörer zu gewinnen. Hören Sie sich bewusst selbst zu und bemühen Sie sich darum, die weniger harmonischen Töne aus Ihrem Sprachfluss zu eliminieren. Auch leises oder übermäßig lautes Sprechen baut unwillkürlich eine Barriere zwischen Sender und Empfänger auf. Monotones Sprechen trägt nicht zur Strukturierung Ihrer Ausführungen bei und sorgt für Langeweile. Ton, Lautstärke, Stimmwechsel und Sprechtempo sind wie eine Melodie. Variieren Sie Ihre Stimme, indem Sie – natürlich immer dem Inhalt entsprechend – mal lauter, mal leiser, mal schneller, mal langsamer sprechen. Verlangsamen Sie das Tempo, um besonders wichtige Passagen herauszustellen oder auch um Spannung zu erzeugen, steigern können Sie diese Wirkungen noch, wenn Sie an entsprechender Stelle eine kleine Pause setzen. Mit den verschiedenen Möglichkeiten Ihres stimmlichen Repertoires unterstreichen Sie also den Inhalt Ihrer Worte und zudem sorgen Sie dafür, dass es Ihren Zuhörern nicht langweilig wird.

Gestik und Mimik

Dasselbe gilt im Grunde genommen auch für Gestik und Mimik. Auch mit Gestik und Mimik lassen sich Aussagen unterstreichen, wir können mit diesen körpersprachlichen Mitteln Spannung erzeugen und – last, but not least – unser Körperverhalten spiegelt unsere Gefühle, ob wir reden oder zuhören. Achten Sie deshalb auf Ihre Körperbewegungen und versuchen Sie durch den Einsatz sprechender Gesten – nicht zuletzt mit den Händen –, durch Blickkontakt und mimischen Ausdruck Ihre Ausführungen verständlicher, interessanter und überzeugender zu machen. Unterstreichen Sie also Ihre Aussagen mit körpersprachlichen Mitteln: Wenn Sie etwa Blickkontakt vermeiden, verlieren Ihre Aussagen an Klarheit, sie werden leicht langweilig und sie können unehrlich wirken. Aber setzen Sie dabei Ihre Mittel gezielt ein: Wenn Sie wild gestikulieren, werden Sie unglaubwürdig. Schließlich spielen Gestik und Mimik eine entscheidende Rolle, um eine positive Beziehung zum Gegenüber herzustellen, die wiederum eine wichtige Grundlage der kommunikativen Wirkung darstellt. Ich weiß: Wenn ich verkrampft bin, stoße ich auf Ablehnung, wenn ich meine Hände in die Hosentaschen stecke, wirke ich passiv und desinteressiert.

Grundsätzlich gilt: Wenn Sie ins Gespräch kommen und überzeugen wollen, dann sollten Sie negative, Antipathie erzeugende Körperaussagen vermeiden. Im Gegensatz dazu müssen Sie positive Aussagen durch Sympathie erzeugende, öffnende und harmonische Gesten verstärken. Eine Auflistung des entsprechenden Repertoires körpersprachlicher Signale finden Sie auf der folgenden Doppelseite.

Der Einsatz von Gestik und Mimik zur Unterstreichung verbal vermittelteter Aussagen lässt sich trainieren, indem man vor einem Spiegel spricht.

Körpersignale

Wir kommunizieren nicht nur mit Worten. Ein ganz entscheidendes Element unserer Kommunikation bildet die Körpersprache, mit der wir vor allem Gefühle zum Ausdruck bringen.

KÖRPERSIGNALE DER SYMPATHIE	
Intimzone berücksichtigen:	Ich komme meinem Gesprächspartner nicht näher als 50 Zentimeter. In diese Zone dürfen nur Personen, die eine besondere Erlaubnis oder einen Machtanspruch haben.
Echtes Lächeln mit hochgezogenen Wangen und Lachfältchen um die Augen:	Ein offenes Lächeln wirkt Wunder, es signalisiert positive Ausstrahlung, Erfolg.
Offener, haltender, aber nicht fixierender Blickkontakt:	Aufmerksamkeit, Wohlwollen
Geweitete Pupillen:	Lebhaftes Interesse
Sich die Hände reiben:	Freude, Genugtuung, Zufriedenheit
Aufrechter, lockerer Stand:	Sicherheit, Wohlbefinden
Ganz dem Gesprächspartner zuwenden, sein Verhalten spiegeln:	Entgegenkommen, Zustimmung
Armbewegungen oberhalb der Taille:	Sicherheit
Den Oberkörper vorneigen:	Interesse zeigen
Augenzwinkern als Kommentar zum Sprecher hin:	Einverständnis
Mundwinkel nach oben, Augen lachen mit:	Echte Freude
Offen ausgebreitete Arme:	Herzliche Aufnahme
Ein Arm zeigt mit geöffneter Handfläche weit nach vorne:	Energie, Sicherheit, „Ich zeige die Lösung" („Politikergeste")
Streichen über das Kinn:	Nachdenklichkeit, Mitdenken
Daumen und Zeigefinder einer Hand bilden einen kleinen Kreis, Hand gestikuliert bestimmt:	Unterstreichen der Richtigkeit einer Aussage
Die Fingerkuppen beider Hände leicht aneinander pressen:	Ich weiß Bescheid.

KÖRPERSIGNALE DER ANTIPATHIE	
Schlaffer oder schnell zurückgezogener Händedruck:	„Ich möchte nichts mit dir zu tun haben. Du interessierst mich nicht."
Falsches, „schiefes" Lächeln:	Verlogenheit, keine Glaubwürdigkeit, Zynismus, Arroganz
Hochgezogene Schultern, verschränkte Arme:	Angst, Unsicherheit, Abwehr
Griff ans Ohrläppchen:	„Bestrafungsgeste": Verärgerung, feindliche Gesinnung
Arme hinterrücks verschränkt, stocksteif:	Unbehagen
Arme im Nacken verschränkt, Blick abgewandt nach oben:	„Dominanzgeste": „Ihr langweilt mich, und habt mir nichts zu sagen."
„Langes Gesicht": geöffnete Kieferstellung bei geschlossenen Lippen, zurückgeschobenes Kinn:	Arroganz, Ablehnung
Hochgezogene Augenbrauen:	Skepsis, Zweifel
Auffällig häufiger Lidschlag, Trommeln mit den Fingern, Wippen mit dem Knie:	Angst, Nervosität, Ungeduld: „Ich will hier weg."
Kein oder „flackernder" Blickkontakt, häufiges Wegsehen:	„Ich würdige dich keines Blickes": Desinteresse, Verlegenheit
Zusammengekniffene Lippen:	Innere Anspannung
Hände in die Hüften stemmen, drohender Zeigefinger, Faust schütteln:	Entrüstung, Aggression, Überheblichkeit
Hände vor der Brust verschränken, sich selbst mit den Armen umklammern:	Abwehr, Verkrampfung, Unsicherheit, Selbstbehauptung
Füße um die Stuhlbeine wickeln:	Unsicherheit, Verkrampfung
Armbewegungen unterhalb der Taille:	Verlegenheit, Unsicherheit
Hastiges Brille abnehmen:	Verwirrung, Unsicherheit
Schulterzucken, Aufdrehen der Handflächen unterhalb der Taille:	„Entschuldigungsgeste": Hilflosigkeit, Unsicherheit
Sitzen mit auseinander klaffenden Beinen:	Rücksichtslosigkeit
Vorgerecktes Unterkinn:	Aggression
Häufiges an den Hals greifen:	Sehr negative Wirkung: Ablehnung, Unwohlsein, unterdrückte Aggression

Mit Köpfchen und Emotionen

Psychologen unterscheiden zwischen drei verschiedenen Ich-Zuständen, die in unterschiedlichen Persönlichkeitsanteilen in jedem Menschen entwickelt sind: das Erwachsenen-Ich, das Kindheits-Ich und das Eltern-Ich. Für die Kommunikation spielen vor allem die ersten beiden Ich-Zustände eine wichtige Rolle

Das Erwachsenen-Ich

Bei den Verstandesmenschen überwiegt das Erwachsenen-Ich, das reflektierte, kontrollierte Lebensprinzip, in hohem Maße. Kein Wunder, dass Kopfmenschen in der Regel gewiefte (Gesprächs-)Taktiker sind. Ihre Kommunikationshaltung bildet eine unabdingbare Voraussetzung für erfolgreiches Sprechen. Nehmen Sie deshalb – auch wenn Sie vielleicht eher den gefühlsbestimmten Menschen zuzurechnen sind – eine entsprechende vom Kopf bestimmte Kommunikationshaltung ein. Das bedeutet nicht, dass Sie auf Gefühle verzichten sollten, ganz im Gegenteil, aber der Verstand sollte als kontrollierende und steuernde Instanz immer präsent sein.

Geplant sprechen

Verstandesmenschen entwickeln einen Redeplan. Im Zwiegespräch und in Diskussionen spielen sie über die Bande, das heißt sie steuern den Gang des Gesprächs, behalten immer den Überblick und wirken überlegen. Sie reagieren auch auf unangenehme Nachrichten nicht unüberlegt und bilden so einen starken, stets um Objektivität bemühten Pol.
Diese kopfgesteuerten, souveränen Kommunikatoren sind bisweilen Marionettenspieler, deren (schwächere) Partner wie Puppen am (Gesprächs-)Faden hängen. So sind sie sehr erfolgreich, allerdings kann es passieren, dass diese Gesprächsstrategie durchschaut wird und beim Gegenüber Verunsicherung, ja sogar Aggressionen auslöst. In dieser Situation sollte man ganz offen über die Kommunikation sprechen, die jeweiligen Rollen und Ziele transparent machen und – darauf aufbauend – versuchen, das Vertrauen des Gesprächspartners wiederzugewinnen.

Ich weiß, ich kommuniziere

Wenn es ein Erfolgsrezept für gelingende, zielorientierte Kommunikation gibt, dann ist es an den folgenden Punkten festzumachen:

- gründliche Vorbereitung zum Thema
- Nachdenken
- eine Entscheidung treffen
- zielgerichtetes Besprechen
- standfestes Verhandeln
- Selbstvergewisserung

Kopfmenschen fällt naturgemäß bewusstes Kommunizieren leicht. Zur ständigen Selbstvergewisserung beim Reden gehört gegebenenfalls auch der Übergang zur Metakommunikation, also zum Reden über das gerade stattfindende Gespräch. Die Selbstkontrolle über den Akt der Kommunikation bedeutet, sich in jedem Augenblick des Gesprächs folgende Fragen zu stellen: „Wie wirke ich? Was sage ich? Was will ich erreichen? Versteht mich der andere richtig?“ Wer solcherart bewusst kommuniziert, ohne dass der Gesprächspartner diese Kopfarbeit auch nur im Geringsten verspürt, der strahlt wahre Souveränität aus.

Das Kindheits-Ich

„So viel Kopf wie nötig, so viel Bauch wie möglich“: Diese Kurzformel für die gelingende Kommunikation berücksichtigt eine grundlegende Erkenntnis: Gefühle sind zwar nicht objektiv und nicht allgemein verbindlich, aber sie sind die entscheidenden Antriebskräfte unseres Lebens. Sie nicht ernst zu nehmen, ist für einen selbst sehr schädlich und kann sogar krank machen.

Hier kommt das Kindheits-Ich des Sprechers zur Geltung. Gefühlsmenschen entscheiden spontan, aus dem Bauch. Sie zeigen ihre Gefühle offen, denn ihr Kindheits-Ich prägt ihre Persönlichkeit. Während der Kommunikation spielen insbesondere die Beziehungsaspekte eine große Rolle. Gefühle und Impulse werden unzensiert geäußert: Solche Menschen können einen umwerfenden Charme besitzen, aber auch unterwürfig, launisch und passiv sein. Auch wenn das in der Regel nicht der Fall ist, so ist es doch entscheidend, dass unsere Emotionen möglichst immer vom Verstand gesteuert und kontrolliert werden: Nur so können wir unsere Gefühle in der Kommunikationen wie in anderen Lebenssituationen optimal einsetzen.

EINE OPTIMALE GESPRÄCHSSTRATEGIE SETZT VERSTAND UND GEFÜHL IM RICHTIGEN VERHÄLTNIS EIN.

Emotionale Intelligenz

Wer intelligent mit seinen vielfältigen Emotionen und – das ist besonders wichtig – den Gefühlen seiner Gesprächspartner umgeht, der hat ein großes Plus – nicht nur für gelingende Kommunikation, sondern für seinen Lebenserfolg überhaupt. Emotionen können eingesetzt werden

- ➔ um Ziele zu erreichen (Begeisterung, Ehrgeiz)
- ➔ um Konflikte zu lösen (Einfühlung)
- ➔ um Menschen zu motivieren (Zuspruch)

Auch negative Gefühle dürfen dabei geäußert werden. Wenn mich etwas wirklich stört, und ich weise ruhig darauf hin, dann helfe ich meinen Gesprächspartnern, mich zu verstehen und richtig auf mich zu reagieren.

Emotionale Verstärkung

Gehe ich auf die Gefühle meines Gesprächspartners ein, sorge ich für eine Rückkopplung seiner Emotionen und zeige ihm, dass ich ihn ernst nehme. Den anderen dort abzuholen, wo er gerade steht, das gilt nicht nur für den Stand der Kenntnisse und Fertigkeiten, sondern auch für die psychische Befindlichkeit. Damit bilden sich Vertrauen und die Chance, konstruktiv miteinander ins Gespräch zu kommen. Gefühle negieren erzeugt dagegen Distanz, führt zu Verletzung und letztlich zur Gesprächsverweigerung.

Im Umgang mit Kindern kommt die positive Wirkung emotionaler Verstärkung einerseits und die negative rationaler Einwände andererseits besonders gut zum Ausdruck:

– „Mein Hamster ist gestorben. Heute früh hat er noch gefressen."
– „Oh, so ein Schock!"
– „Er war mein bester Freund."
– „Es ist schwer, einen guten Freund zu verlieren."
– „Ich habe ihm immer Möhren gebracht."
– „Ihr zwei hattet viel Spaß miteinander."
– „Ich habe ihm jeden Abend gute Nacht gesagt."
– „Ja, du hast gut für ihn gesorgt."

Während der Erwachsene hier sehr verständnisvoll auf die Gefühle des Kindes eingeht, werden sie im zweiten Gespräch missachtet.

– „Mein Hamster ist gestorben. Heute früh hat er noch gefressen."
– „Sei nicht so traurig."
Das Kind weint.
– „Hör auf zu weinen. Das war doch nur ein Hamster."
Das Kind heult laut.
– „Hör schon auf! Ich kaufe dir einen neuen."
Das Kind schreit verzweifelt: „Ich will keinen anderen!!!"

Redeangst

Redeangst ist ein weit verbreitetes Phänomen, und die Angst, mit anderen ins Gespräch zu kommen, verhindert berufliche Erfolge und schränkt das soziale Leben ein. Woher aber kommt die Redeangst? Und was kann man dagegen tun?

In die Offensive gehen

Zunächst einmal: Akzeptieren Sie die Redeangst als ein biologisches Erbe unserer Urahnen: Angst ist nichts anderes als extreme Anspannung, die hilft, Höchstleistungen zu vollbringen. Das Gesicht wird bleich, die Hände sind schweißnass, der Puls flattert, im Hals steckt ein Kloß. Wer diese Körperreaktionen erwartet, verliert die Angst davor. Denn er weiß auch, dass diese Zustände, sobald die Konzentration auf den Gesprächspartner und das Sprechen gerichtet ist, verschwinden.
Und außerdem: Gehen Sie offensiv mit Ihrer Redeangst um! Nutzen Sie jede Gelegenheit, bei der nichts auf dem Spiel steht, zu einem Sprechkontakt. Legen Sie nicht jedes Wort auf die Goldwaage. Kein Mensch erwartet von einer spontanen Wortmeldung einen Geistesblitz. Im Gegenteil: Sehr oft sind die anderen dem, der sich zu Wort meldet und der damit ein peinliches Schweigen beendet, sehr dankbar.

ICH BIN MEINER SICHER

Die Selbstbeeinflussung ist eine großartige Selbsthilfe zur Beseitigung negativer Glaubenssätze wie „Ich kann nicht vor fremden Leuten reden“. Diese Methode ist geeignet, sich selbst gleichsam zu programmieren und so die unermessliche Kraft des Unterbewusstseins zum besten Helfer in problematischen Sprechsituationen zu machen.
Sprechen Sie über einen längeren Zeitraum hinweg, zum Beispiel wenn Sie im Auto zu Ihrem Arbeitsplatz fahren, immer wieder folgende Sätze: „Ich bin meiner ganz sicher. Ich habe großes Vertrauen zu mir. Meine Sicherheit prägt meine Ausstrahlung. Ich glaube an mich und meine Kraft. Was ich ausstrahle, kommt als Erfolg zu mir zurück. Ich gehe aufrecht und gelöst. Ich bin absolut sicher.“

Körperliche und mentale Übungen

Wenn aber die Angst unerträglich und lähmend wird, können Sie sich mit kleinen körperlichen und men-

talen Übungen ablenken. Setzen Sie sich hin und schütteln Sie Ihre Hände mehrmals nach unten aus. Anschließend lassen Sie die Hände ruhig hängen, dabei konzentrieren Sie sich auf den „Nachklang“ der Bewegung in Ihren Händen. Wiederholen Sie die Übung mehrmals. Mit diesem kleinen Trick – möglich sind natürlich auch andere Übungen dieser Art – lenken Sie sich von Ihrer Angst ab.
Gegen Redeangst können Sie aber auch – und zwar ganz spontan – kleine mentalen Kniffe einsetzen. Führen Sie sich eine lustige Situation vor Augen, vielleicht im Zusammenhang mit Ihren Zuhörern: Stellen Sie sich etwa vor, diese säßen alle mit Taucheranzug und Taucherausrüstung im Vortragssaal oder sie hätten alle rote Pappnasen auf und Ohren wie Micky Maus. Gelingt es Ihnen, sich darüber zu amüsieren, haben Sie schon gewonnen, die Angst ist in diesem Moment verflogen.
Eine andere Möglichkeit besteht darin, dass Sie sich eine angenehme Situation ausmalen, vielleicht unbekümmerte Badefreuden am Meer mit Ihrer Familie ... Diese Übungen werden Ihre Einstellung zu der anfangs beängstigenden Situation nachhaltig positiv verändern.

Frauen ...

... kommunizieren besser. Das ist kein Klischee aus Männerwitzen, sondern wissenschaftlich bewiesen. Trotzdem neigen sie dazu, sich in den privaten, vertrauten Bereich zurückzuziehen.
Die jahrhundertelange Domestizierung wurde durch die Emanzipationsbewegung überwunden, aber am so genannten Cinderella-Komplex laboriert auch heute noch manche Frau: Darunter ist die Scheu gemeint, das eigene Leben selbst zu gestalten, offensiv zu kommunizieren, aktives „Networking“ zu betreiben, sich nicht immer mit faden Kompromissen zu begnügen, sondern mit Wort und Tat durchzusetzen.

Weibliche Kompetenz

Eine besondere weibliche Eigenschaft ist das gute Artikulationsvermögen, die Fähigkeit, intuitiv die richtigen Worte zu finden. Schon in der Schule sind die verbalen Fähigkeiten bei Mädchen besser ausgebildet als bei Jungen. Ihren konkreten Ausdruck findet diese Tatsache zum Beispiel darin, dass der Frauenanteil in den Medienberufen weltweit überproportional ansteigt. Mittlerweile sind weit über 50 Pro-

zent aller Studierenden in den Kommunikationsfächern (zum Beispiel Dolmetscher-Berufe, Publizistik) Frauen.
Darüber hinaus verfügen Frauen über „soft skills", soziale Fähigkeiten und emotionale Sensibilität, die sie besonders qualifizieren für Tätigkeiten in allen zwischenmenschlichen Bereichen. Es ist kein Zufall, dass Ärztinnen weniger Patienten in einer Sprechstunde empfangen: Sie nehmen sich einfach mehr Zeit, um sich dem Kranken zu widmen, Fragen zu stellen, geduldig zuzuhören, sich einzufühlen, Vertrauen zu schaffen, kurz, eine positive Beziehung aufzubauen.

Sich auf die Stärken besinnen

Um ihre immer noch oft zu beobachtende Unterordnung in der Kommunikation mit Männern zu überwinden, sollten sich Frauen immer wieder bewusst machen, dass zu Benachteiligung und Zurückhaltung überhaupt kein Grund besteht, verfügen sie doch über eine besondere kommunikative Kompetenz. Die beständige Besinnung auf diese Kompetenz, die weibliche Selbstvergewisserung, ist eine ganz entscheidende Voraussetzung, um die kommunikativen Möglichkeiten offensiv einzusetzen.

Darüber hinaus können Frauen gezielt ihre Fähigkeiten in den (wenigen) Punkten verbessern, bei denen sie im Vergleich zu Männern vielleicht Schwächen haben. So ist die weibliche Stimme höher als die männliche und kann, wenn sie stark belastet wird, nach oben verrutschen. Die Stimme wird schrill, was unangenehm und wenig souverän wirkt. Durch entsprechende Selbstbeobachtung und gegebenenfalls gezieltes Üben lässt sich die Stimme auch in schwierigen Situationen kontrollieren.

Man kann sich aufnehmen, um die Stimme zu analysieren und sie dann gegebenenfalls zu verbessern.

Auf der inhaltlichen Ebene kann Frauen manchmal eine Fähigkeit zum Nachteil werden, die eigentlich zu ihren großen Stärken zählt: Frauen denken vernetzter als viele Männer, das heißt sie beziehen mehr Faktoren in ihre Argumentation mit ein. Bei kürzeren Statements kommt es aber oft auf eine knappe, zielgerichtete Argumentation an, auf die Frauen in diesen Situationen – immer unter Berücksichtigung ihres vernetzten, kreativen Denkens – achten sollten.
Ansonsten, wie gesagt, geht es einfach nur darum, dass Frauen ihre kommunikative Kompetenz einsetzen. Dann haben sie in unserem Zeitalter der Kommunikation alle Chancen auf ihrer Seite!

Mut zum Neinsagen

Sie kennen die Situation? Wieder einmal wollten Sie nein sagen, haben sich dann aber nur zu einem halben Nein durchgerungen und sich am Ende doch breitschlagen lassen. Die Folge ist Frustration, ja Wut. Ihre eigenen Interessen bleiben auf der Strecke, der Respekt Ihrer Mitmenschen und die Selbstachtung sind im Keller. Das muss nicht sein! Haben Sie Mut zum Nein!

Sie finden den quietschgelben Pullover im Schaufenster eigentlich nicht schön, aber die beste Freundin überschlägt sich mit Worten der Begeisterung und drängt Sie, ihn zu kaufen. Ihre Kinder wollen die Sommerferien in einem Familienclub auf den Bahamas verbringen, aber bei einer Woche Schwarzwald wäre auch noch der längst fällige Kauf eines neuen Herdes im Budget. Und Ihr Chef meint, Sie könnten die Fehlstunden des Kollegen ohne weiteres einarbeiten.

Eigene Interessen

Verspielen Sie nicht in solchen Situationen ein Kapital, das zum sicheren Auftreten dazu gehört wie das Amen zum Gebet: Denn der Mut zum Neinsagen verleiht Stärke und flößt Respekt ein. Deshalb lernen Topmanager im Durchsetzungstraining Neinsagen.
Seien auch Sie nicht grenzenlos gutmütig und hüten Sie sich, den Forderungen der anderen ständig nachzukommen. Sie schaden damit nicht nur Ihren eigenen Interessen, sondern Sie untergraben auch Ihre Selbstachtung.

Hüten Sie sich davor, aus Gutmütigkeit Versprechungen und Zugeständnisse zu machen, die gar nicht notwendig sind. Fühlen Sie sich anderen nicht pausenlos verpflichtet. Denn so bringen Sie die Mitmenschen überhaupt erst auf den Gedanken, von Ihnen immer mehr zu verlangen.

Niemanden enttäuschen

Der geheime Grund für Ihr nachgiebiges Verhalten ist, dass Sie Ihre Mitmenschen nicht enttäuschen oder verärgern wollen. Und Sie erwarten zugleich, dass die anderen Ihnen gegenüber ebenso zuvorkommend sind.
Doch leider: Diese Rechnung geht nie auf.
Oft sind Sie sich auch selbst nicht im Klaren über Ihre Wünsche und Bedürfnisse. Also tun Sie den anderen trotz innerer Widerstände einen Gefallen und ärgern sich dann im Nachhinein über sich selbst. „Gutmütigkeit wird leicht zur Dummheit“, heißt es, da ist viel Wahres dran.
Gerade Frauen neigen aufgrund ihrer besonderen Fähigkeit, sich in andere hineinzuver-

setzen, zu dieser Nachgiebigkeit, eine Nachgiebigkeit, die ihnen häufig auch noch anerzogen wurde. Das ist aber kein Grund, in diesem fatalen Rollenverhalten zu verharren.

Sich selbst behaupten

Üben Sie die Kunst der Selbstbehauptung, wahren Sie Ihre eigenen Interessen und verschaffen Sie sich Respekt. Horchen Sie auf Ihre innere Stimme und folgen Sie ihr. Hämmern Sie sich den ersten Merksatz ein: „Sag niemals ja, wenn du nein sagen willst." Und den zweiten: „Nicht auf meine Kosten." Sagen Sie Ihrer besten Freundin mit einem Lächeln „Nein", sagen Sie Ihren Kindern mit einem Lächeln „Nein". Antworten Sie Ihrem Arbeitgeber nicht: „Also gut, wenn es unvermeidlich ist.", sondern legen Sie ihm dar, warum Sie die Arbeit des Kollegen nicht übernehmen können.

Klar und deutlich

Mancher möchte zwar nein sagen, scheut aber die klare Aussage, die ihm zu hart erscheint. Was folgt ist ein halbes Nein, man druckst herum und meint, eigentlich wolle man schon, aber ... Dieses halbe Nein kommt bei Ihrem Gegenüber nicht an, er wird es als Ja interpretieren. Sprechen Sie Ihr Nein klar und deutlich aus. Bemühen Sie sich auch nicht um Ausflüchte, wie etwa jenen, dass dieser Pullover viel besser zu Ihren blonden Haaren passe, Ihrem Teint dagegen einen grünlichen Schimmer verleihe. Versprechen Sie nicht den Urlaub auf den Bahamas für den nächsten Sommer. Ein klares und eindeutiges Nein ist für das Miteinander garantiert besser. Andernfalls stellt sich irgendwann bei Ihnen das ungute Gefühl ein, dass Sie selbst zu kurz kommen.

Wie sage ich nein

Wenn Sie nein sagen, sollten Sie die folgenden drei Punkte beachten:

- ➔ Sprechen Sie Ihr Nein klar und vor allem sachlich aus, verzichten Sie auf einen besonders emotionalen oder gar polternden Tonfall.
- ➔ Lassen Sie auf Ihr Nein eine klare, stichhaltige Begründung folgen.
- ➔ Rechnen Sie damit, dass Ihr Gegenüber Ihre Aussage nicht akzeptiert und alles daransetzen wird, sie Ihnen auszureden.

Nicht über den Tisch ziehen lassen

Möglicherweise wird Ihr Gesprächspartner versuchen, Sie mit allerlei Tricks doch noch zu einem Ja zu bewegen. Er kann Ihre Begründung als unsinnig hinstellen, Sie des Egoismus zeihen, seiner grenzenlosen Enttäuschung Ausdruck verleihen oder an Ihr Mitleid appellieren. Lassen Sie sich keinesfalls manipulieren! Sie haben Ihre guten Gründe. Es ist Ihr gutes Recht, die eigenen Interessen zu wahren, auch wenn andere dies als Egoismus kritisieren. Ebenso können Sie sich nicht ständig die Probleme anderer aufhalsen. Ziehen Sie Grenzen, wahren Sie Ihre eigenen Interessen und verschaffen Sie sich so zugleich Anerkennung und Selbstachtung.

Von der Ist- zur Zielsituation

Eine lebhafte Diskussion. Die Wogen schlagen hoch. Ich sollte Partei ergreifen! Immer liegen die Dinge gleich: Ich brauche die Aufmerksamkeit der anderen, weil ich etwas zu sagen habe und damit ein Ziel anpeile.

Inhalte konkretisieren

Am Anfang, vor unserem Dialog mit den anderen, stehen die Momentaufnahme – „So ist es“ – und die Selbstvergewisserung – „Was will ich?“ Danach beginnt die – nicht immer ganz leichte – Überzeugungsarbeit durch Kommunikation. Jeder will den anderen überzeugen, von sich und seiner Person, von seinen Plänen, seinen Werten, seinem Standpunkt, seinem Humor und Ideenreichtum, seinem Verständnis und seiner Motivation, seinem Wissen und Sachverstand, seinem Einfühlungsvermögen, seiner berechtigten Kritik.

Überzeugungsarbeit

Ich weiß über mich Bescheid und setze meine Stärken im Gespräch gezielt ein: Mir fallen im Reden passende Vergleiche ein, ich kann mich gut in andere hineinversetzen, ich übernehme gerne Verantwortung, ich kann an passender Stelle präzise Zahlen nennen, tolerant und teamfähig bin ich sowieso. Das sind prima Mittel, um mein Ziel verfolgen. Und das habe ich immer im Blick!

Das Ziel im Blick

Je besser Sie Ihr Ziel kennen, desto einfacher wird es Ihnen auch fallen, es zu erreichen. Das gilt für die kleinen Tagesziele ebenso wie für den großen Lebensentwurf. Aber ein Ziel muss auch richtig gewählt sein und dann vor allem gut „verkauft“ werden. Die Hürden, an denen die reizvollsten Vorhaben scheitern, liegen oft in der eigenen Motivation und in der Motivierung und Einstellung der anderen – und die hängen vor allem mit unseren Zielvorstellungen zusammen. Daher ist die realistische Einschätzung des Gesprächsziels ganz wichtig. Überschätzen Sie nicht Ihre eigenen und die Fähigkeiten und Handlungsmöglichkeiten Ihrer Gesprächspartner: Ziele kann man in Teilziele aufteilen, Kompromisse können Etappenziele sein.

Loben, tadeln, mahnen

Das Streben nach Anerkennung durch die Umwelt ist tief im Menschen verwurzelt. Verhaltensweisen, die angenehme Konsequenzen haben, werden häufiger an den Tag gelegt, während solche mit unangenehmen Folgen zunehmend unterbleiben. Diese psychologischen Mechanismen nutzen wir, um unsere Ziele zu erreichen: Wir loben, kritisieren und strafen. Dabei ist positive Verstärkung wirksamer als Kritik, die aber auch nötig sein kann. Lob und Tadel sind allerdings stets mit einer von allen Beteiligten als unangenehm empfundenen Asymmetrie der Machtverteilung verbunden. Wer lobt, nimmt sich das Recht dazu heraus. Das lässt sich vermeiden, indem man seine Meinung „umkehrbar" formuliert und die positive – oder negative – Meinung begründet: „Mir hat Ihr Vortrag gut gefallen ...", „Mir gefällt dein Verhalten nicht, weil ..." Beides kann der Mitarbeiter zum Chef oder das Kind zum Vater genauso sagen wie umgekehrt.

Beschwerden positiv formulieren

Partnerschaftlichkeit ist auch im großen Bereich der Beschwerden gefragt: In der Wirtschaft hat sich aktives Beschwerdemanagement längst bewährt. Auch in der Öffentlichkeitsarbeit, zum Beispiel bei Gemeindeverwaltungen, oder in der Teamarbeit ist offene Kommunikation notwendig. Anregungen, Beschwerden, Mitteilungen über Mängel oder Missstände sind erbeten, um effizientere Leistungen zu erbringen oder Konflikte schon im Keim zu lösen.

Positive Bestärkung wie Lob und Ermunterung bewirkt oft mehr als Kritik und Strafe.

Die hohe Kunst im Umgang mit Menschen beherrschen jene, die sich eines positiven Wortschatzes bedienen und Negativformeln vermeiden. Freundlichkeit ist in der Kundenpflege oberstes Gebot, wir brauchen nur daran zu denken, dass früher „Mahnungen" ins Haus flatterten, heute sind es „Zahlungserinnerungen".

ZU WORT MELDEN

„Jetzt platzt mir der Kragen" und schon poltert man los. Lautstarke Wortmeldungen sind zwar spontan und menschlich, sie hinterlassen aber häufig einen schlechten Eindruck. Was man noch falsch machen kann, wenn man sich zu Wort meldet? Blicken Sie nicht nach unten! Klar, wer auf den Boden schaut, sieht nicht das Stirnrunzeln kritischer Beobachter. Aber er sieht auch nicht das zustimmende Nicken anderer. Besser man sucht den Blickkontakt zu einer Person, von der man weiß, dass sie die gleiche Meinung hat. Noch schlimmer ist, auf eine Wortmeldung zu verzichten, wenn man was zu sagen hätte. Sie benötigen dafür ein paar Tricks?

➔ Sauerstoff tanken. Atmen Sie vor Ihrer Wortmeldung tief durch, und sitzen Sie mit geradem Rücken. Sie sind entspannter und Ihre Stimme erhält mehr Volumen.

➔ Situation realisieren. Bin ich in einem Zwiegespräch, unter mehreren Leuten? Fremden? Bekannten? Welche Reaktion erhoffe ich mir?

➔ Eine Frage stellen. Wenn Sie Startschwierigkeiten haben, fragen Sie nach einer zusätzlichen Information. Damit ist ein erster Schritt getan, Sie sind schon im Gespräch und Ihre eigentliche Wortmeldung wird Ihnen dann leichter fallen.

➔ Den Zeitpunkt der Wortmeldung gut timen. Melden Sie sich besser am Anfang einer Diskussionsrunde zu Wort, dann ist der Nervositätsdruck geringer.

➔ Zu Personen setzen, die Ihnen Sicherheit vermitteln.

Und für alle, die doch lieber nichts sagen: Üben Sie in kleinen, unwichtigen Situationen. Reden Sie die Backwarenverkäuferin an, welche Körnermischung im Waldbrot ist, und den Mitreisenden im Zug, woher er kommt.

Übrigens hat die Hirnforschung festgestellt, dass Benutzer der positiv formulierten „Erfolgssprache" auch selbst davon profitieren: Denn positives Denken und positives Reden aktivieren im Unterbewusstsein die eigenen Kräfte.

Argumente und Strategien

Für eine Verhandlung brauchen Sie in erster Linie gute Argumente und eine Strategie. Wenn Sie sich damit wappnen und Ihren Handlungsspielraum realistisch einschätzen, dann können Sie gelassen in das

Gespräch hineingehen. Zu einer guten Strategie zählt auch das Zuhören. Dadurch zeigen wir, dass wir uns für unseren Gesprächspartner und seine Argumente interessieren und ihn als Persönlichkeit ernst nehmen. Darüber hinaus bekommt der Zuhörer aber auch gleichsam gratis eine Menge an Informationen zur Analyse des Verhandlungspartners.

Informieren und überzeugen

Dienstbesprechungen, Reden, Fachreferate, Präsentationen – in all diesen und vielen anderen Redesituationen werden Informationen geboten, Ideen vorgetragen und Ziele präsentiert. Den Zuhörern müssen hier klare und überzeugende Inhalte geboten werden, die sachlich, aber doch auch mit dem der Sache dienlichen Engagement aufbereitet sein sollten.
Häufig wird ein Manuskript oder wenigstens ein Stichwortzettel gute Dienste leisten, auf jeden Fall aber ist eine gute Gesprächsvorbereitung unerlässlich. Sie empfiehlt sich auch deshalb, weil Zeitvorgaben berücksichtigt, präzise Formulierungen erarbeitet, Kernaussagen herausgestellt, vielleicht auch Gegeneinwände im Voraus bedacht werden sollten.

Gesprächskonflikte lösen

Die ideale Diskussion ist ein konstruktives Gespräch mit mehreren Teilnehmern, die klare Vorstellungen haben und aufeinander eingehen. In Wirklichkeit laufen Diskussionen jedoch oft ganz anders ab. So kann es passieren, dass weder ich noch die anderen ein klares Gesprächsziel vor Augen haben. Oder es kommt noch schlimmer: Es fliegen die Fetzen, kaum eine Antwort bezieht sich auf das Statement des Vorredners, oft verhaken sich die Teilnehmer in Nebensächlichkeiten, die Kommunikation droht zu scheitern.

SOBALD EIN GESPRÄCH FESTGEFAHREN IST, SOLLTEN LÖSUNGSSTRATEGIEN ZUM EINSATZ KOMMEN.

In dieser Sitution sind Problemlösungsstrategien gefragt: Festhalten der Gemeinsamkeiten (auch wenn es wenige sind), tastendes Heranfragen in Entscheidungsprozessen, offene Diskussionen, lösungsorientierte Gespräche. Wer hier einen fundierten Beitrag liefern oder gute Vorschläge machen kann, ist höchst willkommen.
In derartigen Situationen erweist es sich auch immer als sehr vorteilhaft, wenn es einen Moderator gibt, der ordnend in das verfahrene

Gespräch eingreift und die Gesprächsteilnehmer wieder auf das eigentliche Thema zurücklenkt. Nicht die schlechteste Möglichkeit besteht schließlich auch darin, die festgefahrene Diskussion einfach zu unterbrechen und erst nach einiger Zeit wieder fortzusetzen. Oft ist eine derartige Distanz heilsam: Die Gemüter haben sich wieder beruhigt, man kann die Position des anderen vielleicht bis zu einem gewissen Punkt nachvollziehen und versteift sich nicht mehr bedingungslos auf die eigene Position. Das Gespräch kann konstruktiv fortgesetzt werden. Weitere Informationen, wie man Gesprächsblockaden auflöst, finden Sie auf den Seiten 80 und 88 f.

Beim Partner ankommen

Phänomenal, wenn der Funke überspringt. Jener magische Moment ist gemeint, in dem plötzliches Einverständnis herrscht: Die Diskussionsrunde applaudiert zustimmend, der Arbeitskollege ist mit der von Ihnen vorgeschlagenen Arbeitsaufteilung einverstanden, der Kunde von dem Angebot überzeugt und der Polizist kann Ihrer Argumentation folgen und verzichtet auf den Strafzettel. Ja, dann hat alles Reden einen Sinn gehabt.

Schwierige Partner

Im Alltag stellen wir uns aber häufig die Frage: Warum verstehe ich mich mit dem einen Kollegen so gut und mit dem anderen überhaupt nicht? Warum kann ich den einen Kunden zum Kauf bewegen und bei einem anderen ist all mein freundliches Bemühen verschwendet? Dann behauptet man schnell, dass eben im einen Fall die Chemie stimmt, und vom anderen wendet man sich mit einem Achselzucken ab.
Doch halt! Auch mit schwierigen, unangenehmen Menschen muss man, vielleicht öfter, als einem lieb ist, zurande kommen. Auf beleidigende, wütende oder besserwisserische Gesprächspartner reagiert man am besten im Kern bestimmt und im Ton verbindlich. Weitere Informationen zu schwierigen Gesprächssituationen finden Sie auf Seite 91 bis 95.

Das überzeugt mich!

Überzeugung, Ernsthaftigkeit, Leidenschaft, das ist das, was Sie einbringen. Ihr Gesprächspartner aber muss Ihnen vertrauen, Ihnen zuhören und Ihnen Glauben schenken. Wie das gelingt? Ein Königsweg ist,

Begeisterung für die Sache zu zeigen. Doch es braucht noch andere grundlegende Voraussetzungen, um erfolgreich zu sein.

Der erfahrene Sprecher weiß, dass er in seinem Zuhörer innere Zustimmung bewirken muss. Deshalb wird er von Anfang an in seiner Wortmeldung auf eine Reihe von Ja-Antworten abzielen. Er erreicht so eine annahmebereite Haltung beim Zuhörer. Je mehr „Jas" wir im Dialog mit dem anderen erwirken, umso leichter finden wir auch die Einwilligung zu unserem Endziel. Das heißt konkret, dass zunächst einmal Übereinstimmungen auf gemeinsamen Gebieten verortet werden sollten. Nehmen wir folgende Situation. Der Autohändler hat herausgefunden, dass der Interessent einen Hund hat, und da er selbst ebenfalls einen hat, spricht er aus Erfahrung: „Hunde wollen einen immer begleiten." – „Hunde im Auto sind ein eigenes Thema." – „Dieser Kombi hat die ideale Große für Setter."

Unkonventionelle Anstöße

Wie gelingt es allerdings, den Partner von etwas zu überzeugen, wenn man selbst nicht so genau weiß, wo es langgehen soll? Wenn das Denken festgefahren ist, dann braucht es unkonventionelle Anstöße: Umdrehen der Aufgabenstellung, Hinwendung zu fiktiven Problemen, Reizwortanalyse, auch Impulse wie Bewegung oder Musik – alles unter dem Motto: „Man löst ein Problem, indem man sich vom Problem löst." Weitere Informationen zum Problemlösungsgespräch finden sich auf Seite 86 f.

REIZWORTANALYSE

Sie suchen nach einer Lösung für eine bessere Kundenbetreuung, kommen aber nicht weiter. Nach einem Zufallsprinzip ermitteln Sie einen Begriff wie „Gummi". Dann überlegen Sie sich, was Ihnen zu diesem „Reizwort" einfällt: Gummi ist elastisch, praktisch, vielseitig einsetzbar, billig, er hält etwas zusammen. Anschließend übertragen Sie die Ergebnisse auf Ihre Fragestellung. Können Sie die „Elastizität", die Flexibilität, der Betreuung erhöhen? Gibt es Möglichkeiten sie praktischer und vielseitiger zu gestalten? Könnte man besonders preisgünstige Angebotspakete schnüren? So erhalten Sie in einer festgefahrenen Situation ganz neue Denkanstöße.

Gesprächsmittel bewusst einsetzen

Wer etwas zu sagen hat, muss es auch sagen können: Er muss seine Gedanken ordnen und klar argumentieren, ganze Sätze bilden, treffende Worte wählen, anschauliche Beispiele bringen, sich verständlich ausdrücken.

Rhetorik

Gekonnt reden hat man in früheren Zeiten als hohe Kunst gelernt. Ja, die Redekunst war in der Antike als Disziplin umfassender Welt- und Menschenkenntnis sogar der Philosophie ebenbürtig. Wer Rhetorik aus dem Effeff beherrschte, galt seinen Zeitgenossen als Liebling der Götter.

Rhetorik heute

So wie Sprache immer Ausdruck ihrer Zeit ist, so hat sich die Rhetorik gewandelt. Gestelzte Schachtelsätze, blumiger Redeschmuck, Pathos und Tremolo, das ist heute nicht mehr gefragt. Wer hingegen den modernen Bedürfnissen angemessene Gesprächsmittel kennt und im richtigen Moment einsetzt, der ist im Vorteil. Doch wie verschaffe ich mir das Wissen, damit mir ein einnehmender Vortrag gelingt, ich interessant sprechen, geschickt verhandeln, mit meinen Worten Aufmerksamkeit finden kann? Man braucht nicht zu den Rhetorik-Büchern der griechischen und römischen Antike zu greifen. Doch die überlieferten Grundregeln der Redekunst gelten auch für dynamische Rhetoriktrainer von heute. Es scheint ganz so, als ob die gute alte Rhetorik im Kleid des Kommunikationstrainings wieder auferstanden ist. Es gibt einfach nichts Neues unter der Sonne!

Thema finden und Stoff sammeln

Logisch, klar und übersichtlich reden fördert die Aufmerksamkeit des Zuhörers. Das gelingt allerdings nur, wenn das Thema, zu dem ich mich zu Wort melde, definiert und begrenzt ist. Habe ich es bestimmt, erfolgt die gründliche Recherche. Ich sammle alle nötigen Informationen und Argumente, die zur wirkungsvollen Behandlung des Redegegenstandes notwendig sind.

Die Gliederung

Ist das Material gesammelt, beginnen wir damit, den Stoff aufzubereiten. Das Prinzip ist stets dasselbe: Auch wenn wir nur mit dem Postzusteller einen Smalltalk über das Wetter anfangen, greifen wir ein Thema (Wetter) auf, haben dafür einen Anlass (Glatteis?/Hitzewelle?) und steuern einige Gedanken oder Beobachtungen dazu bei (Schrittfestigkeit? Streusalz? Winterausrüstung?/Sommerurlaub? Schwitzen? Wasser trinken?). Damit sind wir schon mitten drin im Gliedern unserer Informationen und Argumente, das in der Regel dem klassischen Schema folgt:

- ➔ Einleitung
- ➔ Darlegung des Sachverhalts
- ➔ Argumentation und Beweisführung
- ➔ Redeschluss

Das sollten Sie beachten

Wenn Sie spontan sprechen, achten Sie darauf, dass Sie nicht vom Thema abschweifen oder es gar verfehlen, und argumentieren Sie so, dass Ihr Beitrag den Gesetzen der Logik entspricht. Sind Sie allerdings in der glücklichen Lage, sich auf Ihren Redebeitrag vorbereiten zu können, dann sollten Sie diese Möglichkeit unbedingt nutzen.
Noch etwas ist wichtig: Wie ich mich einem Thema annähere, hat nicht unbedingt etwas damit zu tun, wie ich später dieses Thema dann vor einem Publikum oder einem interessierten Gesprächspartner drehe und wende. Hier kommen oft Aspekte des Charakters, der Situation und der Stimmung mit ins Spiel: Will ich einen Spannungsbogen aufbauen oder falle ich mit der Tür ins Haus? Spreche ich unverblümt, direkt oder umkreise ich zunächst meinen Redegegenstand? Spreche ich gefühlsbetont oder streng sachlich?

Argumente für den Zuhörer

Der Köder muss dem Fisch schmecken, nicht dem Angler. Diese alte Verkäuferweisheit verrät uns alles über gutes Argumentieren: Nur wer an die Interessen und den Nutzen seines Gesprächspartners denkt, bringt gute Argumente vor. Überzeugungskraft ist also ganz entscheidend abhängig von der Qualität der Argumentation.

Was macht denn nun eine gute Argumentation aus?

→ Sie ist zielgruppenspezifisch. Ihre Gesprächspartner müssen die Argumente verstehen. Berücksichtigen Sie den Wissensstand Ihrer Zuhörer und enutzen Sie verständliche Worte und Beispiele.

AUF DIE SCHNELLE

Wer sich vorbereitet, argumentiert besser. Was aber tun, wenn man man spontan reagieren muss? Dafür bietet sich ein klassischer Dreischritt an:

1. Darstellung der Nachteile der Ausgangslage beziehungsweise der angestrebten Situation
2. Darstellung der eigenen Position
3. Vorteile des eigenen Vorschlags

Ein konkretes Beispiel: Ein Jugendlicher möchte nicht mehr mit seinen Eltern in Urlaub fahren:

1. Wenn wir gemeinsam fahren, wird keiner zufrieden sein.
2. Deshalb will ich alleine wegfahren.
3. Das ist auch für Euch Eltern besser, da Ihr so Euren Urlaub frei gestalten könnt.

→ Bereiten Sie Ihre Argumente vor. So gehen Sie selbstbewusst in ein Gespräch und können Ihre Vorstellungen überzeugend vorbringen. Selbst wenn die Diskussion eine unvorhergesehene Entwicklung nimmt, werden Sie auf der Grundlage einer guten Vorbereitung sehr viel besser spontan reagieren.

→ Greifen Sie Gegenargumente auf, das signalisiert Interesse an Ihrem Gegenüber und Verständnis. Praktizieren Sie dabei die Technik der eingeschränkten Zustimmung: Geben Sie Ihrem Gesprächspartner teilweise Recht und formulieren Sie im Anschluss daran erneut Ihren Standpunkt.

→ In der Analyse der Argumente beziehen versierte Kommunikationspartner ihre Zuhörer durch gezielte Fragestellungen mit ein und lassen sogar Gegenargumente zu, die sie dann widerlegen können. Das gelingt natürlich dann besonders gut, wenn man sich vorbereiten konnte.

→ Nehmen Sie aktiv Gegenargumente vorweg, indem Sie diese Bedenken benennen und im Vorhinein entkräften. („Mancher mag dagegenhalten, dass ..., aber ...“)

→ Verschießen Sie Ihr Pulver nicht gleich am Anfang der Diskussion oder der Rede: Behalten Sie ein,

TREFFENDE ARGUMENTE

Es gibt folgende Grundtypen von treffenden Argumenten:

➔ Fakten-Argumente: Nachprüfbare Statistiken, Informationen auf dem letzten Stand. Wer harte Fakten sammelt, hat es leicht mit dem Überzeugen.

➔ Autoritäts-Argumente: Fachkenntnisse sichern einen Vorsprung, Experten können auf ihren Kompetenz-Bonus setzen.

➔ Normen-Argumente: Die Berufung auf Gesetze und Werte einer Gesellschaft.

➔ Erfahrungs-Argumente: Persönliche Erfahrungen veranschaulichen die eigene Sichtweise. Konkrete Erlebnisse sind für den Gesprächspartner nachvollziehbar und emotional übertragbar.

➔ Analogie-Argumente: Diese Argumente stützen sich auf den angemessenen Vergleich mit ähnlichen Verhältnissen oder Vorgängen. Häufiger Fehler: Äpfel mit Birnen vergleichen.

➔ Logik-Argumente: Eine logische Kette von Schlussfolgerungen ist schwer bestreitbar.

Ihre Argumente können Sie beliebig aus diesen Typen zusammenstellen.

zwei starke Argumente immer in der Hinterhand, um starke Gegeneinwände zu kontern.

➔ Kraftvolle sprachliche Bilder, treffende Formulierungen und interessante kleine Geschichten sprechen die Gefühlsseite an und wirken besser als zahllose nebensächliche Argumente.

Ziel einer jeden Argumentation ist die Suche nach Wahrheit oder Stichhaltigkeit, nach Zustimmung (Konsens) und nach Handlung. Klar ist: Je sach- und faktenkundiger ich argumentiere, umso eher werde ich meine Zuhörer überzeugen. Je überzeugter und begeisterter ich von meiner Sache bin, umso mehr Wirkung entfalten meine Worte.

Auswahl der Argumente

In der Regel gibt es zu einem bestimmten Thema eine Vielzahl von Argumenten. Doch gemach: Es hat wenig Sinn, immer möglichst viele Argumente aufzuführen. Im Gegenteil vermittelt man unter Umständen damit dem anderen eher das Gefühl, als wollte man ihn zu etwas

„überreden“. Nur ein einziges gutes, wirklich überzeugendes Argument ist besser als zehn schwache. Ein stichhaltiges Argument allein führt oft eher zum Erfolg als dieses Argument in Begleitung von fünf schlechten. Aber auch die Überfülle guter Argumente kann kontraproduktiv sein.

Bringen Sie deshalb zunächst einmal nur so viele stichhaltige Argumente, wie Ihnen für den ersten Überzeugungsschritt dienlich sind. Warten Sie darauf gelassen Einwände ab und signalisieren Sie ernsthafte Auseinandersetzung. Wiederholen Sie Ihre Argumente aus verschiedenen Blickwinkeln. Damit zeigen Sie, dass Sie sich alles sehr gründlich überlegt haben.

JE ÜBERSICHTLICHER SIE DIE ARGUMENTE GLIEDERN, DESTO BESSER ERRREICHEN SIE IHRE ZUHÖRER.

Präsentation der Argumente

Stellen Sie Ihrer Argumentation Zahlen voraus: Erstens, zweitens, drittens. Das verdeutlicht die Gliederung und hilft Ihren Zuhörern, Ihren Ausführungen zu folgen und den Überblick zu bewahren. Bei Diskussionen ist es sehr wichtig, die Teilnehmer nicht mit zu vielen Gliederungspunkten zu überfordern, drei bis vier Punkte bilden hier die absolute Obergrenze. Vor einem geübten und gut informierten Publikum dürfen natürlich auch einmal mehr Punkte genannt werden. Hauptpunkte können dann auch in Unterpunkte untergliedert werden.

Stringent argumentieren

Üben Sie sich darin, stringent und systematisch zu argumentieren. Mit der „Fünfsatzmethode“ lassen sich beliebige Redemuster zu den Argumentationsanlässen entwickeln. Auf diese Weise lernt man, verständlich zu strukturieren und zielgerichtet zu argumentieren:

1. Der Einstiegssatz verdeutlicht die Ausgangssituation.

2. 3. 4. Drei erklärende Nebensätze führen zwingend auf den

5. Zielsatz hin. Er ist der Dreh- und Angelpunkt der vorangegangenen Argumentation.

Beispiel für ein Redemuster:

1. Schulwegsicherung ist nach wie vor ein offenes Problem.

2. Der nunmehr eingerichtete sichere Schulradweg gestattet allerdings nur den Kindern ab der vierten Klasse eine gefahrenfreie Zufahrt zur Schule.

3. Ein sicherer Radweg ist kein sicherer Fußgängerweg.

REDETRAINING

Wem es zu oft die Sprache verschlägt, wer sich an seiner eigenen Redefaulheit stört, wer besser mitreden will, der muss aktiv werden. Mit der offensiven Entscheidung, ab sofort den Mund aufzumachen, betreten Sie die Bühne des Lebens. Wo werden einem eigentlich die Möglichkeiten geboten, sich im freien Reden, im Argumentieren, Diskutieren und Vortragen zu üben? Die direkte Erfahrung beim Reden ist durch nichts zu ersetzen. Je häufiger Sie mitreden, fragen, Diskussionsbeiträge liefern, desto vertrauter werden Sie allmählich mit Redesituationen.
Redetraining erfolgt aber auch über zahllose Bücher, Hörbücher, Audiocassetten, Volkshochschul-Kurse und andere Einrichtungen der Erwachsenenbildung sowie Spezialseminare mit Persönlichkeits-Coaching und Videoaufzeichnungen.
Redefähigkeit lässt sich natürlich auch einfach in einer Gruppe einüben. In kleinen Lernschritten nähert man sich dem Ziel souveränen Kommunizierens: 1. Nach fünf Minuten Vorbereitungszeit einen Kurztext vorlesen und dabei Blickkontakt zu den Zuhörern aufnehmen. – 2. Einen etwas längeren Text nach zehn Minuten Vorbereitungszeit selbstständig wiedergeben; dabei darf ein Stichwortzettel benutzt werden. – 3. In zwei Minuten den Inhalt eines Buches oder Films referieren und in einer abschließenden Stellungnahme bewerten. – 4. Gruppengespräche trainieren: Alle beteiligen sich gleichmäßig, niemand dominiert.

4. 72 Prozent aller Grundschüler können Gefahrenquellen auf ihrem Schulweg benennen.
5. Wir benötigen dringend Schulweglotsen und gründen daher eine Elterninitiative zur Schulwegsicherung. Denn der Schutz unserer Kinder darf nicht vernachlässigt werden und er geht uns alle an.

Auf die Verpackung kommt es an

„Sag es treffend“: Redekunst heißt nichts anderes als die Verpackung der Gedanken in Worte. Die Möglichkeiten der sprachlichen und stilistischen Ausgestaltung der Rede machen den differenziertesten Teil der Rhetorik aus. Zur Redekunst gehört die Wahl der Stilart, der

Einsatz von schmückenden Figuren (zum Beispiel Vergleiche, Bilder, Übertreibungen, Untertreibungen), die geschickte Wortwahl und die Satzfügung, kurz, die sprachliche Formung des Redethemas. Sprachrichtigkeit, Deutlichkeit, Angemessenheit an Inhalt und Zweck der Wortmeldung, passender Redeschmuck und Vermeidung alles Überflüssigen, das alles zusammen macht die Qualität des individuellen Redestils aus.

Im Grunde gibt es drei Stilarten:

➔ Die schlichte, schnörkellose, sowohl dem belehrenden Zweck wie der informierenden und alltäglichen Verständigung angepasste Redeweise („Heute habe ich Glück gehabt").

➔ Eine auf Unterhaltung und Gewinnung der Zuhörer ausgerichtete Redeweise, die mit anschaulichem Redeschmuck eine sympathische Beziehung zwischen Redendem und Zuhörer herstellen will („Das Glück ist ein Vogerl, heißt es im Lied").

➔ Die pompöse, pathetisch-erhabene Ausdrucksweise, die Zuhörer mitreißen will und alle rhetorischen Register wie Sprachrhythmus oder

ANGEMESSENHEIT

Eine ganz wichtige Forderung an den guten sprachlichen Ausdruck ist die nach der Angemessenheit des Redens. Eigentlich handelt es sich dabei um verschiedene wichtige Gesichtspunkte, die ein Sprecher in jedem Fall berücksichtigen muss, um seiner Wortmeldung oder Rede die gewünschte Wirkung zu verschaffen:

Die Angemessenheit erstreckt sich zunächst einmal auf den Inhalt der Rede (kleinen Kindern wird man Einsteins Relativitätstheorie wohl kaum vermitteln können), dann aber auch auf die stilistischen Mittel (Jugendliche reden anders als Erwachsene). Außerdem gilt es, angemessen auf die äußeren Umstände der Kommunikationssituation zu reagieren. Der Redende wird den Ort und den Zeitpunkt seiner Wortmeldung berücksichtigen: Einmal ist Heiterkeit angebracht, ein andermal Ernsthaftigkeit, einmal anekdotisches Erzählen, dann wieder streng sachliches Referieren.

Bildhaftigkeit zieht („Auf des Glückes großer Waage steht die Zunge selten ein“, Johann Wolfgang von Goethe).
Diesen drei Stilarten entsprechen die drei Hauptziele jeden Redens:

- ➔ Sachliche und zweckdienliche Mitteilungen
- ➔ Emotionale Zuwendung (Wohlwollen, Unterhaltung)
- ➔ Erregung von Leidenschaften

Es geht also darum, die Gedanken in Worte zu bringen, und dabei darauf zu achten, ob der Gesprächspartner informiert, unterhalten oder leidenschaftlich bewegt werden soll. Denn nur so können die Worte auf eine richtige und wirkungsvolle Weise eingesetzt werden. Die kunstvolle Einkleidung des Gedankens – der so genannte Redeschmuck – muss klar und deutlich und Inhalt und Redeabsicht angemessen sein.

Auf die rhetorische Verpackung kommt es an

Zum lebendigen Vortrag gehört eine anschauliche, dabei auch bildhafte Sprache, Bildlichkeit funktioniert nicht nur mit richtigen Bildern, sondern auch innerhalb der Sprache: Ich interessiere meine Zuhörer, wenn ich ihre Vorstellungskraft aktiviere. „Glühend wie ein

REDEFIGUREN

Rhetorische Figuren erhöhen Lebendigkeit, Anschaulichkeit und Aussagekraft des Sprechens. Zudem verleihen sie einer Rede oder einem Text poetische Wirkung.

- ➔ „Nichts haben wir gehabt, gar nichts“ – die Wiederholung eines Wortes oder einer ganzen Wortgruppe unterstreicht die Aussage.
- ➔ „Stark wie ein Bär“ – der Vergleich wirkt lebendig und veranschaulicht.
- ➔ „Berge von Himbeereis“ – die Übertreibung veranschaulicht einen Sachverhalt.
- ➔ „Eine Meisterleistung!“ – Ironie sagt genau das Gegenteil dessen, was gemeint ist, und verleiht dem Sprechen Witz und Pfiff.
- ➔ „Der Löwe zieht sich aus der Politik zurück“ – die Metapher, der verkürzte Vergleich, veranschaulicht und verleiht dem Sprechen poetischen Ausdruck.
- ➔ „Erfolg und Misserfolg“ – gegensätzliche Begriffspaare spitzen die Aussage zu.
- ➔ „Meine Güte!“ – der Ausruf verleiht der Aussage Emotionalität.

Sonnenuntergang ...“, „rasant wie ein Porsche“.
Wörtliche Zitate oder Sprichwörter, egal ob aus dem entsprechenden überlieferten literarischen Schatz oder aus dem aktuellen Informationszusammenhang, sind ebenso legitime Gestaltungsmittel wie zwischendurch eingestreute saloppe Formulierungen, die für Auflockerung sorgen.
Positive Formulierungen („Ich wünsche mir gute Zusammenarbeit“) kommen besser an als negative („Gegen Zusammenarbeit habe ich nichts einzuwenden“). Adjektive, also beschreibende Beiworte (guter Wein, rote Nase, frisches Gemüse), machen die Sprache bunt und lebendig.

DER REDNER MUSS DARAUF ACHTEN, DIE SPRACHLICHEN MITTEL AN SEINE ZUHÖRER ANZUPASSEN.

Unterschiede und Gemeinsamkeiten

In diesem Zusammenhang gilt es, einen weiteren Punkt zu beachten: Die jeweiligen Anforderungen an die sprachliche Gestaltung können ganz verschieden sein. Sie hängen vom Redeanlass ab, vom Redegegenstand und auch von gesellschaftlichen Vorstellungen über Richtigkeit und Schönheit des sprachlichen Ausdrucks. So haben zum Beispiel Jugendliche eine andere Sprache als alte Menschen. Gleichwohl lassen sich Anforderungen finden, die immer Geltung haben: Die Worte sollen der allgemeinen grammatikalischen Sprachrichtigkeit folgen, eingeführt sein und nicht deplatziert wirken.

Heiß begehrt: Schlagfertigkeit

Schlagfertigkeit ist eine Technik, eine Technik wie beim Boxen. Und wie im Zweikampf mit Fäusten kommt es auch hier auf schnelle Reaktion und punktgenaue Treffer an. Es geht darum, die Situation schnell und präzise zu erfassen, das in ihr steckende Potenzial zu erkennen und schnell und adäquat zu reagieren.
Schlagfertigkeit wünschen wir uns vor allem, wenn uns jemand dumm kommt. Dann beneiden wir Leute, die egal in welcher Lage spontan und witzig Paroli bieten können. Als schlagfertig empfinden wir aber auch Mitmenschen, die sprachlich immer Oberwasser haben, in beruflichen Verhandlungen strategisch kluge Fragen stellen und selbst glasklar und ohne langes Zögern antworten. Insgesamt können wir

SELBSTDARSTELLUNG

Neben der Tatsache, dass man seine Sprache an die Zuhörer anpassen muss, sollte man sich auch darüber im Klaren sein, dass man als Redner hinter dieser Orientierung am Publikum nicht verschwindet: Seine sprachlichen Fähigkeiten setzen den Redner vielmehr in ein bestimmtes Licht, liefern Auskünfte über seinen Charakter, sein Temperament, seine Bildung, seine Selbstdarstellungswünsche. Sich mit seinen rednerischen Mitteln selbst zu präsentieren, das ist legitim, ja wichtig.

Doch sollte bei aller künstlerischen Lust am individuellen Redestil nicht gegen diese eiserne Regel verstoßen werden: Zum interessanten Reden gehört vor allem die Beschränkung auf das Wesentliche. Sicherlich haben auch Sie in Ihrem Bekanntenkreis einen Witze-Erzähler, der schon vor der Pointe alles kaputtmacht, weil er viel zu langatmig und weitschweifig erzählt. Deshalb ist es allemal besser, wenn man sprachlich gut ankommen will, verständlich und unterhaltsam zu sprechen. Knapp, präzise, klar, kurzweilig: Das ist das Ideal einer jeden Wortmeldung, egal ob Sie nur ein paar Sätze sagen oder einen Vortrag halten.

drei Arten von Schlagfertigkeit unterscheiden, die alle, und das ist die gute Nachricht, durchaus erlernbar sind: die Erwiderungsfertigkeit, die Diskussionsfertigkeit und die Witzfertigkeit.

Erwiderungsfertigkeit

Bei der Erwiderungsfertigkeit handelt es sich um die eigentliche, die klassische Form der Schlagfertigkeit. Auf einen Verbalangriff, eine Stichelei oder eine mehr oder weniger unangenehme Avance des Gegenübers erfolgt ein sprachlicher Gegenschlag.

Entscheidend dabei ist, dass die Attacke spontan erfolgt und witzig ist. Dabei muss dieser gegen den Gesprächspartner gerichtete Witz an den vorausgegangenen Angriff anknüpfen. Dieser Bezug sorgt dafür, dass die Gegenattacke als wirklich sitzende Retourkutsche kommt und den vorherigen Angriff übertrumpft – ja oft entsteht der Witz

erst durch diesen Bezug. Wie dem auch sei, die erste Attacke jedenfalls läuft ins Leere, der Antwortende hat die Lacher auf seiner Seite, während der ursprüngliche Aggressor als begossener Pudel dasteht. Sehen wir uns ein schönes Beispiel an:
Lady Astor sagte bei einem Dinner zu Sir Winston Churchill: „Wenn ich Ihre Frau wäre, würde ich Ihnen Gift geben." Churchill antwortete: „Wenn ich Ihr Mann wäre, würde ich es nehmen."
Hier wird Churchill bereits mit einer mehr oder weniger witzigen Bemerkung angegriffen. Er kontert aber nicht mit einem beliebigen Witz – „Lady Astor, nach ihrer Kleidung zu urteilen, scheinen Sie gerade vom Karneval zu kommen" –, vielmehr greift er das Thema Gift auf. Dabei dreht er allerdings nicht einfach den ursprünglichen Scherz um – „Wenn ich Ihr Mann wäre, würde ich Sie vergiften" –, Churchill verwandelt den Witz in einen neuen Witz und schießt zurück. Dieser Witz übertrumpft Lady Astors Angriff, er ist für sich gesehen schon besser als Lady Astors Attacke, seine besondere Wirkung entsteht aber aus dem Bezug zu dem vorausgehenden Angriff. Der Schuss geht für Lady Astor nach hinten los.

SCHLAGFERTIGKEIT HEISST NICHT ZULETZT, SICH WITZIG AUF DIE VORHERGEHENDE ATTACKE ZU BEZIEHEN.

Schlagfertigkeit kommt aber nicht nur zum Einsatz, wenn uns jemand dumm kommt, wir können sie auch bei den verschiedensten Avancen, die uns etwa unangenehm sind oder komisch vorkommen, einsetzen: Sei es, dass wir ein Angebot zurückweisen, sei es, dass wir einfach nur humorvoll reagieren. Folgendes Beispiel ist nicht unbedingt aus dem Leben gegriffen, aber es zeigt in seiner satirischen Übertreibung doch sehr schön, wo und wie Schlagfertigkeit noch angewandt werden kann:
Marilyn Monroe zu Albert Einstein: „Professor, sollten wir nicht ein Kind machen? Stellen Sie sich einmal vor, meine Schönheit und Ihr Intellekt!" Darauf Einstein: „Lieber nicht, es könnte ja auch umgekehrt sein."
In diesem Fall handelt es sich also nicht um einen Angriff, sondern um ein Angebot, das Einstein schlagfertig der Lächerlichkeit preisgibt. Auch hier sehen wir wieder, wie der besondere Witz mit seiner Wirkung dadurch entsteht, dass das ursprüngliche Thema auf-

gegriffen wird, ja der Witz entsteht überhaupt erst durch den Bezug zur vorherigen Aussage: Die komische Wirkung beruht darauf, dass Einstein Marilyn Monroes Aussage abwandelt, ins Gegenteil verwandelt und die Absurdität der Avance herausstreicht. Auch hier geht der Schuss wieder nach hinten los und Albert Einstein hat die Lacher auf seiner Seite.
Die Herausforderung bei der Erwiderungsfähigkeit besteht darin, das komische Potenzial einer Situation, in der man angegriffen wird, blitzschnell zu erkennen und für sich nutzbar zu machen. Das ist eine hohe Kunst, aber man kann sie durchaus erlernen und üben. Malen Sie sich entsprechende Situationen aus, konstruieren Sie passende Witze, vor allem aber beobachten Sie schlagfertige Menschen und schauen Sie sich bei ihnen ab, wie deren Witze funktionieren – und achten Sie vor allem darauf, dass die Retourkutsche immer den witzigen Bezug zum Angriff hat: Darauf kommt es an!

Diskussionsfertigkeit

Wenn wir Schlagfertigkeit in einem weiteren Sinn definieren, dann fällt auch die Diskussionsfertigkeit darunter. Sie zeichnet Menschen aus, die mit großer Souveränität jede Diskussion bestreiten, diese Souveränität kann allerdings auch in Überheblichkeit kippen – davor sei gewarnt.
Zur Diskussionsfertigkeit gehören vor allem Kontertechniken, mit denen man sich in Diskussionen der Angriffe erwehrt und sich behauptet. Werden Sie attackiert oder sind Sie anderer Meinung, so lässt sich die Position Ihres Gegenübers mit übertriebener, ironisch gemeinter Zustimmung erschüttern. Sie können aber auch Ihnen widersprechende Meinungen kategorisch zurückweisen: „Diese Position ist derart absurd, dass ich nicht bereit bin, überhaupt darauf einzugehen.“ Oder Sie greifen Ihr Gegenüber frontal an und stellen dessen Kompetenz in Frage. In unangenehmen Diskussionssituationen kann man sich Freiraum schaffen, indem man darüber spricht, wie man miteinander redet (Metakommunikation). Problematische Fragen – „Wie sieht die Produktplanung für die nächsten fünf Jahre aus?“ – lassen sich mit entsprechenden Rückfragen unterlaufen:

Erwiderungs-, Diskussions- und Witzfertigkeit: verschiedene Formen der Schlagfertigkeit.

FRAGETECHNIKEN

Es gibt eine Reihe von Fragetechniken, die Ihnen helfen, den Gesprächsverlauf zu optimieren. Ihre Anwendung aktiviert die Zuhörer und lenkt den Dialog oder Diskussionsverlauf.

➔ W-Fragen: Sie beginnen immer mit W. Mit einer W-Frage dränge ich meinen Gesprächspartner sanft, mir eine Auskunft zu geben. „Woher haben Sie diese bemerkenswerte Information?“

➔ Geschlossene Fragen: Sie können nur mit „ja“ oder „nein“ beantwortet werden. „Sind Sie bereit, uns zu unterstützen?“

➔ Alternativ-Fragen: Sie können helfen, Entscheidungen zu treffen oder geben Wahlmöglichkeiten vor. „Möchtest du mit uns am Wochenende den Ausflug aufs Land machen oder lieber zu Hause entspannen?“

➔ Informationsfragen: Sie zielen, um nicht als Neugierde unangenehm empfunden zu werden, immer auf einen erkennbaren Vorteil für den Gesprächspartner ab: „Um Sie wirklich optimal beraten zu können, benötige ich noch einige Angaben. Wie oft verreisen Sie im Jahr?“

➔ Suggestiv-Fragen: Mit ihnen erfährt man Meinungen und Bedürfnisse. „Das macht dir doch sicher auch Spaß?“

„Mit welchem Input der anderen Bereiche der Firma, auf den wir angewiesen sind, können wir denn rechnen?“

Witzfertigkeit

Schließlich ist noch die Witzfertigkeit zu nennen. Bei ihr gibt ein Wort, eine Beobachtung oder eine Eigenart Anlass zu einer witzigen Bemerkung. Dies ist die entscheidende Qualifikation für alle TV-Comedy-Stars, zeichnet aber auch so manchen Talkmaster aus – man denke nur an Harald Schmidt.
Die Witzfertigkeit trägt aber auch in vielen anderen Lebenslagen zur erfolgreichen Kommunikation bei. Wer spontan witzig auf Situationen reagieren kann, lockert die Stimmung auf und gewinnt die Herzen seiner Mitmenschen im Sturm. Und auch hier gilt: Schauen Sie sich an, wie's andere machen, um es dann selbst auszuprobieren. Übung macht den Meister!

Einprägen

„Äh ..., jetzt habe ich den Faden verloren." – Tja, das kann schon mal vorkommen. Nicht passieren sollte dies allerdings, wenn Sie die Möglichkeit haben, sich auf Ihre Wortmeldung vorzubereiten. Wollen Sie auf der Bürger- oder Elternversammlung, im Gemeinderat oder im Verein sprechen, können Sie sich vorbereiten und sich Ihre Gedanken einprägen.

Vorbeugende Maßnahmen sind lautes Memorieren (zum Beispiel während eines Spaziergangs, während des Autofahrens), Üben vor dem Spiegel, Niederschreiben. Wer unsicher ist kann auch seinen Redebeitrag in einer möglichst realistischen Situation üben – also vor Publikum. Unser Gedächtnis ist sehr leistungsfähig und es gibt recht gute Erinnerungstechniken, wie zum Beispiel die Eselsbrücken.

Kommunikationsprofis warnen allerdings vor dem Auswendiglernen, da Spontaneität und das Mitdenken in der Redesituation dadurch reduziert, ja verhindert werden. Sie empfehlen eher die Stichwort-Methode: Prägen Sie sich die Hauptpunkte in der richtigen Reihenfolge ein und rekonstruieren Sie Ihre Gedankenkette im Augenblick des Sprechens. So überträgt sich Ihre eigene Konzentration auf die Zuhörer. Das ist weniger riskant, als Sie denken. Denn man kann sich durchaus auf sich selbst verlassen, wenn man von einem Anliegen überzeugt ist und sein Thema durchdacht hat.

ZIMMER MIT MÖBELN

Es gibt verschiedene Möglichkeiten, einen Redebeitrag zu memorieren. Allerdings erfordert das Einprägen in der Regel einen mehr oder weniger großen Zeitaufwand. Verfügen Sie nur über wenig Zeit, können Sie bildliche Konstruktionen wie die folgende zu Hilfe nehmen, um sich Ihre Argumentation in groben Zügen einzuprägen:

Ich habe ein Zimmer (Thema), richte es ein mit einem großen Bett (1. Abschnitt), einem Schrank (2. Abschnitt), einem Tisch (3. Abschnitt), einem Stuhl (4. Abschnitt) und einem bunten Teppich (Schluss).

So kann der Sprecher während seiner Wortmeldung die einzelnen Teile seiner Rede als Gegenstände in diesem Zimmer imaginieren, die er dann nach und nach vorstellt.

Geheimrezepte

Zwei Seiten einer Medaille: Unfaire Psychotricks oder die hohe Schule der Gesprächskunst? Welche gerade aufgeschlagen wird, das hängt von der Anwendung ab. Jedenfalls schadet es nicht, sich die Geheimrezepte der Kommunikation einmal etwas näher anzusehen, und zwar zum eigenen Vorteil. Denn nur wenn man sie kennt, kann man den Gesprächspartner, der sie anwendet, durchschauen. Und manchmal kann man sie ja vielleicht doch auch zu seinem Vorteil anwenden – natürlich nur, solange man nicht die Gesetze der Höflichkeit, des Respekts vor dem anderen und seriöser Geschäftspraktiken verletzt.

GEHEIMREZEPTE SOLLTE MAN VOR ALLEM DESHALB KENNEN, UM AUF SIE GESCHICKT REAGIEREN ZU KÖNNEN.

Wer fragt, der führt

Fragen spielen beim Sprechen eine große Rolle. Wer fragt, zeigt Interesse, schafft Vertrauen und erlangt mehr oder weniger wichtige Informationen. Darin erschöpft sich aber nicht die Funktion der Fragen: Diese lassen auch noch auf eine etwas andere Art einsetzen, eine Einsatzart, die auf einen kurzen Nenner gebracht werden kann: Wer fragt, der führt.

Gold kann man dann leicht schürfen, wenn man weiß, wo und wie es zu suchen ist. Ähnlich finden Ihre Gesprächspartner und Zuhörer zu jenen Punkten der Übereinstimmung und Zustimmung, die Sie bereits im Blick haben, wenn Sie in Ihrer Argumentation den Pfad dorthin legen. Und das gelingt durch systematisches Fragen. Da der Redende den gesamten Redegegenstand bereits überschaut und schon zu einem Ergebnis gelangt ist, besitzt er gegenüber seinen Gesprächspartnern einen Vorsprung und kann nun gezielt Fragen stellen. „Wer? – Was? – Wo? – Wann? – Wodurch? – Warum?" Der Sinn des systematischen Befragens eines Sachverhalts liegt nicht nur darin, dass – soweit wie möglich – vollständige Klarheit und Auskunft erlangt werden kann, sondern der Zuhörer soll auch, ohne es zu merken, in eine beabsichtigte Richtung geleitet werden.

Eine Grundregel ist dabei immer zu beherzigen: Nach einer gestellten Frage muss man so lange schweigen, bis der Gesprächspartner seine Antwort formuliert hat, erst danach kann die nächste Frage gestellt werden. Üben Sie die Anwendung der Fragetechniken, Sie wissen doch: „Fragen kostet nichts!“ Und noch ein Wort zum Gesprächspartner: Wenn er sich manipuliert vorkommt, dann kann er einfach folgende Gegenstrategien anwenden: Mit Gegenfragen kontern, Fragen problematisieren, Fragen ironisieren („Was, das weißt Du nicht?“).

Killerphrasen

„Darauf kommen wir später noch einmal zurück.“
„Das haben wir doch schon zigmal besprochen.“
„Das klappt nicht.“
„Du bist noch viel zu jung dafür.“
„Stellen Sie sich den gewaltigen Papierkram vor.“
„Ideen haben wir selbst genug.“
„Das gehört nicht hierher.“
„Keine Zeit für sowas.“
„Sei kein Narr.“
„Für Sie als emanzipierte Frau müsste es doch selbstverständlich sein ...“

Diese sattsam bekannten Sätze nennt man Killerphrasen (KP). Sie sind pauschale, abwertende, oft gegen die Person gerichtete Angriffe in einer Diskussion. Sie sind nicht an der Sache orientiert, sondern werden gerade dann hervorgezogen, wenn die Sachargumente fehlen. Killerphrasen sind Scheinargumente, die Vorstellungen und Ideen des anderen als ungeeignet darstellen, ohne es direkt so zu formulieren. Sie liefern keinen konstruktiven Beitrag, killen die Motivation und zerstören verlässlich das Klima offener, freier Diskussion und kreativen Denkens. Lassen Sie sich nicht aus dem Konzept bringen. Auf Killerphrasen kann leicht reagiert werden durch

➔ Antworten. Führen Sie die KP auf die Sachebene zurück und stellen Sie sie in Ihren Dienst. Beispiel: „Könntest du das bitte mal präzisieren?“ – „Nein, ich wiederhole es aber gerne noch einmal.“

➔ Rückfragen. Bitten Sie um die sachliche Präzisierung der KP, wobei allerdings die Gefahr besteht, dass das Gegenüber Gelegenheit erhält, den Angriff auszubauen. Beispiel: „Haben wir das nicht schon besprochen?“ – „Was haben wir denn deiner Meinung nach schon besprochen?“

➔ Metakommunikation. KP als solche identifizieren und als Störung qualifizieren. Beispiel: „Nach dieser Killerphrase kommen wir zurück zur Sache.“

➔ Minimalantwort. Mit „Ach, was“ oder „So, so“ lassen Sie jeden Killerphrasendrescher auflaufen.

Die härteste Form der Killerphrase ist pauschal gegen die Person gerichtet. Gehen Sie darauf nicht ein, führen Sie die Diskussion vielmehr wieder auf den sachlichen Kern zurück.

➔ Übergehen. Mit „Vielen Dank für diesen Hinweis“ gehen Sie über den Angriff einfach hinweg.

➔ Freundliche, stumme Geste. Damit läuft der Gegner ins Leere.

➔ Fehdehandschuh aufnehmen. Emotional kontern, doch verlässt man dabei den Boden des konstruktiven Gesprächs.

Antworten und Rückfragen haben den großen Vorteil, dass der Gesprächspartner nicht verletzt wird; vielleicht war ihm ja überhaupt nicht klar, dass er eine Killerphrase verwendet hat?!

Wenn Sie Einwände ernst nehmen, diskutieren Sie nicht nur kompetent, sondern fördert auch das Vertrauen zwischen Ihnen und Ihrem Gesprächspartner, was Ihren Zielen nur förderlich sein kann.

Einwandbehandlung

Manchmal mag ein Kunde nicht so, wie der Verkaufsberater es gerne hätte. Sei es, weil er keinen Bedarf für den angebotenen Artikel hat, sei es, weil er ihm zu teuer ist, sei es, weil er von der Qualität nicht überzeugt ist. Für solche hartnäckigen Fälle empfehlen professionelle Verkaufstrainer die so genannte „Einwandbehandlung“: Dieser beliebte Kommunikationstrick sieht Abfangformulierungen vor, die auf subtile Weise im Kunden Zweifel an seiner Position säen. Das sieht folgendermaßen aus:

A versucht, zu überzeugen.

B bringt einen ablehnenden Einwand oder einen Vorwand.

A geht auf den Einwand durch Verbalisieren oder Hinterfragen ein („Aus Ihren Worten entnehme ich, dass ...“).

B erläutert den Einwand.

A zeigt Akzeptanz durch eine Positivreaktion („Da haben Sie sicherlich Recht ...“) und kontert den Einwand durch eine Nachteilsbrücke („Das bedeutet aber für Sie ...“) oder Vorteilsbrücke („Natürlich. Noch wichtiger sind aber doch die Vorteile, dass ...“); oder er verknüpft den Einwand konstruktiv mit seinen Argumenten („Gerade deswegen ...“); oder er stellt eine Positiv-Hypothese auf („Gehen wir davon aus, dass sich unsere Aussagen nicht unterscheiden ...“); oder er spaltet den Einwand ab („Ist das der einzige Einwand den Sie vorbringen können?“).

Kommt Ihnen das alles bekannt vor? Wenn wir ehrlich sind, benutzen wir selbst, und zwar durchaus auch in ganz alltäglichen Zusammenhängen, diese Gesprächsstrategie, um Einwände zu parieren. Wir meinen es dabei durchaus gut, wollen den anderen vielleicht zu etwas Positivem überreden, gehen davon aus, es besser zu wissen („Aber du brauchst doch auch Urlaub!“). Schließlich können wir davon ausgehen, dass die Einwände des anderen nicht bedeuten, dass er überhaupt nicht mit uns reden will. Vielmehr ist er sachlich oder emotional noch nicht überzeugt, und wir gehen davon aus, dass er noch besser überzeugt werden möchte. Deshalb sollte man die negative Wirkung von Einwänden auf sich selbst gar nicht zulassen.

Nonverbale Tricks

Zu den wortlosen „Verunsicherungsstrategien" bei Gesprächskontakten kann Lächeln zählen. Zunächst einmal signalisiert Lächeln ja bloß Sympathie, Nicht-Aggression, Freude. Gezielt eingesetzt macht es aber unangreifbar, gerade wegen des vordergründig positiven Effekts. Als „Kampflächeln" verunsichert es den Gesprächspartner, denn es kann genauso auch als „Dich nehme ich sowieso nicht ernst" interpretiert werden oder als „Ich gewinne sowieso". Positives aktives Zuhören ist immer gekennzeichnet von einem wechselnden Mienenspiel. Wer einem Dauerlächler gegenüber steht, sollte zum einfachsten Gegenmittel greifen: Zurücklächeln.
Ein weiterer nonverbaler Trick ist das Mitschreiben, wenn der andere gerade am Wort ist. Ins Harmlose gewendet, heißt das ja nur: „Ich nehme deine Worte ernst, sie sind mir so wichtig, dass ich sie mir notiere." Gleichzeitig bedeute ich dem anderen aber auch, dass ich ihn auf seine Worte festnageln kann und werde. Diese Form des „Gesprächs-Controlling" verstärkt die Aufmerksamkeit gewissermaßen und bringt eine disziplinierende Note in die Kommunikation. Auch hier hilft im Grunde nur ein Gleiches tun.

Nonverbale Gesprächstricks zeugen nicht von Kompetenz, sondern von schlechten Manieren.

Gezieltes Schweigen ist ein wunderbarer Trick, um sich ankündigende Konflikte zu unterbinden. Es kann aber auch soviel heißen wie: „Mit dir zu reden, hat überhaupt keinen Sinn." Mit Überheblichkeit wird in der Kommunikation leicht die Grenze des Erlaubten überschritten. Genauso wie das jeder Gesprächspartner tut, der bewusst Gesten der Zerstreutheit, der Langeweile (Gähnen!) und des Desinteresses setzt. Genervtes Augenrollen, verächtliches Prusten, Schwätzen, Kichern, mit dem Stuhl wippen, das alles fällt unter die Kategorie schlechte Manieren und fällt auf den zurück, der sich so schlecht benimmt.

Auf dem Präsentierteller

Wir sprechen, halten Reden, referieren, werben und diskutieren. Auf den Inhalt kommt es an – das ist richtig, aber nicht die ganze Wahrheit! Denn auch die Verpackung unserer Aussage zählt, und die reicht von der Rhetorik über die Mittel der Körpersprache bis hin zur glitzernden Präsentation mit Showelementen.

Schon der große römische Redner, Schriftsteller und Politiker Cicero wusste sehr genau, dass ein in seinem Fach nur mittelmäßig Begabter durch eine hervorragende Vortragstechnik wesentlich mehr erreichen kann als ein hoch qualifizierter Fachmann, der seine Rede nicht zu halten versteht. Und so verfasste er genaue Sprechanweisungen zu Lautstärke, Klarheit der Aussprache, korrekter Satzbetonung und anderem mehr.

Rhetorik und Körpersprache

Rhetorik hat zu allen Zeiten eine große Rolle gespielt, immer ging es darum, Informationen und Ideen, die eigene Botschaft, möglichst attraktiv mit sprachlichen Mitteln zu gestalten, um die Zuhörer zu erreichen. Zu den rhetorischen Mitteln zählten immer auch die Möglichkeiten des nonverbalen Ausdrucks, es ging darum, Mimik, Gestik und andere körpersprachliche Mittel so einzusetzen, dass eine optimale Wirkung des Vortrags erreicht wurde. Der Wohlklang der Stimme, die verschiedenste Gefühle zum Ausdruck bringende Mimik sowie die besonders wichtige Punkte unterstreichende Gestik sollten dazu beitragen, das Publikum zu rühren, zu bewegen, mitzureißen.

Sich in Szene setzen

Um seinen Reden einen besonderen Ausdruck zu verleihen, hat sich der Mensch aber nicht auf die Rhetorik beschränkt, zu dieser gesellten sich andere, sprachfernere Mittel, die aber nichtsdestoweniger eine wichtige Rolle spielten, um die Aussagekraft einer Rede zu erhöhen.

Nicht nur um besser gehört zu werden, sondern auch um eindrucksvoller zu wirken, sprachen die Redner von einer erhöhten Position zu ihrem Publikum, sie achteten auf besonders wirkungsvolle Kleidung und sorgten für ein unterstützendes Ambiente, indem Musiker aufspielten und die – möglichst mächtige – Rednertribüne besonders attraktiv beleuchtet wurde. Kurz: Man hat sich in Szene gesetzt – das galt immer schon, heutzutage aber mehr denn je.

Inhalt und Form in der modernen Mediengesellschaft

In unserem durch die visuellen Kommunikationsmittel geprägten Zeitalter sind die Anforderungen an die Präsentation eines Redebeitrags so hoch wie nie zuvor. Die Möglichkeiten der medialen Inszenierung sind gewaltig und sie werden ausgiebigst genutzt. Das hat Folgen: Unsere Maßstäbe in der Beurteilung eines Gesprächspartners, Vortragenden, Zuhörers beziehen wir von Talkshows, Moderatoren, Fernsehstars, Personen der Öffentlichkeit.

Ob ein Politiker heutzutage Chancen auf Wahlerfolg hat, resultiert in einem unverhältnismäßig hohen Grad aus seiner Medienpräsenz und Medientauglichkeit, daraus, wie er auftritt, wie er sich in Szene setzt. Auch wenn hier kritische Stimmen zu Recht darauf hinweisen, dass es doch mehr auf den Inhalt als auf schauspielerische Fähigkeiten oder die Frage, ob jemand fotogen ist oder nicht, ankommen sollte, es ist nun einmal Tatsache, dass die physische Komponente des Sprechenden, das Know-how der Informationsübermittlung sowie die Interaktion mit den Zuhorern stark ins Gewicht fallen.

Rhetorische Mittel heute

Diese starke Betonung der äußeren Form in unserer medialen Welt hat Auswirkungen auf unser aller kommunikatives Verhalten in Privatleben und Beruf. Rhetorik, Stimme, Mimik, Gestik, Haltung und unterstützende Handlungen: Die Aufmerksamkeit unserer Gesprächspartner hängt in hohem Maß davon ab, wie wir uns auf dem Präsentierteller zeigen. Das sollten Sie immer bedenken, wenn Sie – wo auch immer, bei wem auch immer – Gehör finden wollen.

Inszenierung der Rede

Wie schon erwähnt, gehört auch die äußere Inszenierung von Redebeiträgen in diesen Zusammenhang – vom einfachen Rednerpult bis hin zu Großbildschirmen, Messedisplays, Sound- und Lichtanlagen. In Dekoration und Design, Klang und Musik, Mode und Show findet die Präsentation von Information heute wichtige Anwendungsbereiche.

Und diese Inszenierung betrifft uns mehr oder weniger alle. Auch wenn Sie nicht mit Großbildschirm auftreten, so lässt sich doch auch Ihr Redebeitrag „verpacken“. Allerdings sind es eher die „kleinen“ Zeichen und Formen, mit denen Sie sich „in Szene setzen“ können. Wenn Sie in die Bürger- oder Elternversammlung gehen und ein Anliegen vortragen wollen, achten Sie auf eine gepflegte Erscheinung, die sich nicht zuletzt in der Kleidung ausdrückt. Aber auch mit Ihrer Redeposition lässt sich die Redewirkung erhöhen. Sie können aufstehen, vortreten oder eine erhöhte Stellung einnehmen. Gegebenenfalls spielen auch die Lichtverhältnisse eine Rolle: Suchen Sie sich eine gut beleuchtete Stelle aus, um zu sprechen. Doch im Grunde geht es bei all dem Drumrum immer um den Kern jeder Kommunikation: Den Adressaten „ansprechend“ zu erreichen.

Sprechsituationen

Die „gesellschaftliche Beredsamkeit", wie Freiherr von Knigge die Kunst des „Umgangs mit Menschen" nannte, bedeutet nicht nur, Richtiges zu sagen, sondern auch immer zu wissen, wie man mit wem am besten redet.

Dialoge und Monologe

Was geschieht, wenn Menschen direkt zueinander und miteinander sprechen? Jemand äußert mit Worten eine Ansicht und verfolgt dabei gleichzeitig eine bestimmte Absicht. Er spricht, um auf seinen Partner einzuwirken, um zu ermuntern, zu überreden, zu überzeugen, zu trösten, zu beherrschen, zufrieden zu stellen ... Der Partner hört, versteht (oder missversteht) und antwortet unmittelbar als Gegensprecher. Das Sprechen in solchen Situationen nennt man dialogisches Sprechen, denn wir tauschen während des Gespräches immer wieder die Rollen, mal sind wir Sprecher, mal Zuhörer.

Das Gegenteil zum dialogischen Sprechen ist das monologische Sprechen. Hier gibt es keine Wechselrede, sondern zunächst spricht nur einer, der oder die Zuhörer schweigen. Sie dürfen nicht unmittelbar auf die Äußerungen des Redners reagieren. Jede Rede ist vom Grundsatz her monologisches Sprechen. Der Redner bietet den Stoff, der den anderen die Gelegenheit bietet, nachher mitzureden.

Kultur des Respekts

Sensible Dialogführung will gelernt und trainiert sein. Miteinanderreden gelingt, wenn die Gesprächspartner einander aktives Zuhören gewähren. Dazu gehören Verhaltensweisen, die sich durch beständiges Üben einschleifen: den Partner anschauen, seinen Worten folgen, nicht ständig unterbrechen, das Gehörte zusammenfassend wiederholen, zum Weiterreden ermutigen. Ist es nicht paradox, dass in einem guten Gespräch sehr viel von dem jeweils schweigenden Teilnehmer abhängt? Das liegt an der Tiefe der zwischenmenschlichen Beziehungen und führt zu den „Zehn Regeln des Respekts“ – von unserer inneren Einstellung zum Gegenüber hängt im Grunde alles ab.

1. Jeder Sprechende hat das Recht, dass die anderen ihm respektvoll zuhören.
2. Respekt vor den Zuhörern: Jeder Redner geht respektvoll mit der Zeit der anderen um.
3. Eine höfliche Gesprächsatmosphäre: Auch wenn Kritik angebracht erscheint, darf sie niemals in persönlich beleidigender Form geäußert werden.
4. Zwischenmenschliche Sympathien und Antipathien werden aus Sachdiskussionen ausgeklammert.
5. Mit der Person reden und nicht über sie
6. Auch stille Wasser können tief sein. Jedem steht die gleiche Redezeit zur Verfügung.
7. Eine Gruppe muss offen sein auch für Meinungen, die von der Mehrheit nicht geteilt werden.
8. Persönliche und emotionale Probleme haben in Diskussionen nichts zu suchen.
9. Anmaßendes, wehleidiges oder arrogantes Verhalten ist destruktiv.
10. Der andere sollte immer sein Gesicht wahren können.

Von spontan bis vorbereitet

„Hör mal, mir kommt da gerade eine prima Idee ...“– „Nach reiflicher Überlegung bin ich zu dem Schluss gekommen ...“ Eine Mitteilung kann ganz rein in einer dieser beiden gegensätzlichen Formen erfolgen und selbstverständlich gibt es dazwischen fließende Übergänge.

Spontan oder vorbereitet

Das meiste, was wir spontan sagen, ist durchaus vorhersagbar, denn es entspricht unserem Habitus, ist in unserem Charakter angelegt, resultiert aus unserer Lebenserfahrung. Für manche Gelegenheiten jedoch hat man sich regelrecht mit seinen Beiträgen munitioniert. In die Verhandlung mit dem Chef oder zu einer Vorladung geht man sicherlich gut vorbereitet.

Beobachten wir unsere alltägliche Kommunikation. Wie oft halten wir nicht regelrecht kleine Reden: in Ämtern, Klassenzimmern, Büros, Restaurants und Wohnzimmern. Immer dann, wenn wir etwas länger ausholen, mehrere Argumente vorbringen, uns näher erklären. Bei Gelegenheiten, in denen der Augenblick entscheidet, die Stimmungslage, die Situation, dominiert die spontane Redeform: die Stegreifrede oder die improvisierte Stichpunktrede, die im Voraus eine gedankliche Ordnung in den Gesprächsstoff gebracht hat. Wo Gründlichkeit, Präzision und ausgefeilte Formulierungen gefragt sind, ist eindeutig die vorbereitete Rede die bessere Alternative. Manchmal wird man sogar zur Wort für Wort, Satz für Satz aufgesetzten Rede greifen, die vom Blatt vorzulesen ist.

Gerade wer spontan spricht, sollte nicht auf Selbstbeobachtung verzichten und darauf achten, dass er nicht vom Thema abschweift oder die Zuhörer über die Maßen in Beschlag nimmt.

Die hohe Kunst einer Wortmeldung jedoch wird den Zuhörer immer im Ungewissen lassen, ob die Worte jetzt spontan geflossen sind oder gründlich kalkuliert waren. Von Sir Winston Churchill, einem alten Fuchs, was Reden anbelangt, ist das Bonmot überliefert: „Am meisten Vorbereitung kosten mich immer meine spontan gehaltenen, improvisierten Reden."

Vom Stegreifsprechen ...

Sie werden gebeten, einige einleitende Worte zur Begrüßung zu sagen? Einen Toast auszusprechen? Den Abschluss der Party zu moderieren? Im Rahmen einer Diskussion ist Ihre Meinung gefragt? Reden Sie! Je nachdem nett oder informativ, vor allem kurz und ohne sich zu winden. Führen Sie keine langen Gegenreden, fragen Sie nicht, ob andere nicht geeigneter wären, begeben Sie sich nicht auf die Suche nach einem Ersatzmann. Sie können es und alle sind Ihnen dankbar für Ihren Einsatz.

Folgen Sie der paradoxen Aufforderung: „Sei doch spontan!" Bleiben Sie gelassen, versuchen Sie noch auf die Schnelle ein paar Hintergrundinformationen zu bekommen, zum Anlass oder über besondere Gäste. Sollte Ihnen gar keine Vorbereitungszeit gegönnt sein, dann stehen Sie auf, blicken entspannt im Raum umher und beginnen Sie mit einer rhetorischen Frage. „Warum ich hier und jetzt was sagen soll? Damit Ihr alle nicht vergesst, warum wir hier sind!" Sprechen Sie von sich, warum Sie hier sind, beziehen Sie sich auf Worte eines Vorredners. „Was Sie soeben gesagt haben, dazu kann ich aus eigener Erfahrung auch etwas beitragen ..." – „Sie haben ganz recht, Herr Maier, vielleicht darf ich ergänzend noch zu bedenken geben, dass ..."

Die Gefahren der Stegreifrede seien hier nicht verschwiegen. Die Zuflucht zu Gemeinplätzen, die vielen „ähs“, schwache Formulierungen. Schwafeln, ohne zu bemerken, wie sich die Zuhörer langweilen, die Stimmung einbricht. Eine perfekte Stegreifrede zeichnet sich aus durch Geistesgegenwart, Flexibilität, Wortgewandtheit, Schlagfertigkeit, Treffsicherheit in der Erfassung der Situation gleichermaßen wie in der Formulierung der Gedanken. Ihr Vorzug ist die schnelle Reaktion auf den Augenblick und das Eingehen auf die Bedürfnisse der Zuhörer im Moment. Deshalb ist das unverstellte Zeigen der eigenen Gefühle durchaus erwünscht: „Ich bin überwältigt. Lassen Sie mich versuchen, trotzdem ein paar Worte zu sagen ...“

... bis zum ausgefeilten Manuskript

Bedächtige Naturen legen jedes Wort auf die Goldwaage. Sogar wenn sie im persönlichen Kontakt einige Worte wechseln, ist jeder Satz wohlüberlegt. In kompliziertere Gesprächssituationen oder solche mit mehreren Teilnehmern gehen sie nur vorbereitet hinein: Sie wappnen sich mit Argumenten, sortieren die Möglichkeiten, mit wem sie ins Gespräch kommen könnten oder sollten und präparieren sich mit Einstiegssätzen.

Wer mit wem? Hierarchien und Manieren

Freiheit, Gleichheit, Brüderlichkeit: Wenn die Utopie Realität wäre, dann gäbe es sie nicht, die asymmetrische Gesprächssituation. Richter–Angeklagter, Arzt–Patient, Prüfer–Prüfling, Offizier–Wehrpflichtiger usw., es gibt eine Reihe von Kommunikations-Verhältnissen, wo ein Gesprächspartner in dominanter Stellung ist und der andere in dominierter.

Kommunikative „Schieflage“

Diese „Schieflage“ ergibt sich aus einem Vorsprung an Wissen, Autorität oder Lebenserfahrung eines der Gesprächspartner, sie kann aber auch auf gesellschaftlicher Konvention beruhen. Die Kommunikation in diesem Verhältnis des Ungleichgewichts verläuft nur dann reibungslos, wenn beide Seiten die Situation wirklich akzeptieren und es in ihrer Beziehung nicht an Verständnis, guten Manieren und Takt fehlen lassen. Es sollte eine Selbstverständlichkeit sein, dass die Autorität und Machtposition des in der Hierarchie höher stehenden Gesprächspartners begründet ist und dass er seine Stellung nicht missbraucht.

Kommunikationsraum Schule

Bei allen Lehrer-Schüler-Verhältnissen kommt es in der Kommunikation vor allem auf eine funktionierende Beziehungsebene an: Nur wenn die Beziehung von Lehrer zu Schüler, von Schüler zu Lehrer stimmt, können Inhalte vermittelt und aufgenommen werden, erst dann werden eine konstruktive Auseinandersetzung und ein Lernerfolg des Schülers möglich. Beziehungen aufbauen und pflegen ist der Kern einer jeden pädagogischen Arbeit.

Die Schülerin Martina fällt durch ein Leistungstief und ihre Passivität im Unterricht auf. Nach dem Unterricht:

Lehrerin: „Martina, ich möchte gerne ein paar Minuten mit dir sprechen."

Martina: „Ja."

– „Weißt du, ich mache mir Sorgen wegen deiner Zensuren. Stimmt mein Eindruck, dass dir Mathe im Moment keinen Spass macht?"

– „Doch."

– „Heißt das dann, Mathematik interessiert dich schon, du kannst bloß im Moment nicht so richtig mitmachen?"

– „Ich weiß auch nicht so recht."

– „Kannst du das nicht richtig ausdrücken, was mit dir ist?"

– „Na ja, ich weiß nie, ob das passt, was ich mir denke ..."

– „Du hast also Angst, dass wenn du mitarbeiten würdest, das, was du sagst, nicht stimmt?"

– „Ich denke schon mit, aber es dauert so lange, bis ich zu einem Ergebnis komme, bei der Arbeit habe ich auch keine Zeit mehr, das dann richtig aufzuschreiben."

– „Oh, ich glaube, da kommen wir einem Problem auf die Spur. Denk bitte mit mir darüber nach, welche Lösung es geben könnte."

In diesem Gespräch geht es noch nicht um Wissensvermittlung und auch nicht um Ratschläge, sondern um mitmenschliche Offenheit und die Bereitschaft, ein Problem zu definieren und gemeinsam an einer Lösung zu arbeiten. Martina fühlt sich nicht allein gelassen und spürt, dass auch die Lehrerin sich mitverantwortlich fühlt für ihre augenblickliche Lernschwäche. Wo im Einzelnen die Lösung dann zu finden ist, etwa in didaktischen, fördernden Maßnahmen oder im Elterngespräch, das ist erst der nächste Schritt.

Wer ist hier der Boss?

Beruflicher Frust fängt fast immer mit dem Jammern über den Chef an: Die einen stört seine überhebliche Art, die anderen, dass er ständig kontrolliert. Der Nächste beschwert sich, dass sein Chef ein Chaot ist, und der Übernächste, dass sein Chef den hohen Posten sowieso nur über Vitamin B bekommen hat.

Zugrunde liegen hier, wie könnte es auch anders sein, Kommunikationsprobleme. Zunächst: Akzeptieren Sie die Rollenverteilung und arbeiten Sie an einem positiven Gesprächsklima. Wer nicht Chef ist, verabschiedet sich am besten von den Wörtern „sollen“ und „müssen“. Stellen Sie eigene Vorschläge zur Diskussion und bringen Sie diese mit Ergänzungen nach geraumer Zeit erneut zur Sprache, falls Sie nicht gleich Gehör finden. Nehmen Sie konstruktive Kritik an. Gedeihliche Zusammenarbeit ist nur dort möglich, wo Mitarbeiter in konstruktivem Gespräch stehen.

Und Mitarbeitergespräch heißt auch jene Art der Kommunikation, die als Sonde für die Situation und die Lage des Betriebs mittlerweile gängige Praxis ist. Gehaltsverhandlungen, Urlaubsplanung, Umsatzentwicklung, Kundenakquisition, Messeauftritt, Quartalszahlen – von persönlichen bis zu firmenstrategischen Überlegungen reichen die Themen des Mitarbeitergesprächs.

MIT DEM CHEF REDEN

Wollen Sie mit einem Vorgesetzten über Ihre Position im Unternehmen sprechen, sollten Sie folgende Punkte beachten.

- ☑ Wählen Sie eine passende Gelegenheit, bitten Sie gegebenenfalls um einen Termin. Ein gestresster, unter Zeitdruck stehender Chef wird nicht unbedingt ein offenes Ohr für Ihr Anliegen haben.
- ☑ Sie brauchen keine Unterwürfigkeit an den Tag zu legen, aber wahren Sie die Formen der Höflichkeit und der hierarchischen Ordnung.
- ☑ Bereiten Sie sich auf das Gespräch vor und definieren Sie Ihre Ziele klar und deutlich.
- ☑ Halten Sie sich immer vor Augen, welche Position Sie innehaben und über welche Fähigkeiten Sie verfügen.
- ☑ Reden Sie nicht um den heißen Brei herum, kommen Sie zur Sache und artikulieren Sie Ihr Anliegen klar und deutlich.
- ☑ Stellen Sie Ihr Licht nicht unter den Scheffel.
- ☑ Machen Sie keine Kollegen schlecht, um sich selbst in ein besseres Licht zu setzen.

Für den Chef ist dieser Termin übrigens nicht minder wichtig: Hier kann er seine Führungsqualität im direkten Kontakt beweisen, seine Wertschätzung zeigen und seine Mitarbeiter motivieren.

Polizeikontrolle

Auf der Autobahn unterwegs, vor einem Parkplatz Polizei, Sie werden rausgewunken: Anhaltekontrolle. Eine ganz alltägliche Vollzugshandlung. Polizeibeamte verbringen 85 Prozent ihrer Arbeitszeit damit, mit Menschen zu reden, und die Verkehrskontrolle ist davon die häufigste Kontaktsituation. Die Polizeipsychologie hat für diese Standardsituation eine Einsatztaktik entwickelt, die den Beamten mit ganzheitlichem Rollentraining den ruhigen, umsichtigen und korrekten Umgang mit dem Autofahrer einstudiert. Und auch auf mögliche Konfliktsituationen sind die Polizisten gut vorbereitet, wenn sie im Rahmen der geltenden Rechtsvorschriften nach Fahrerlaubnis und Fahrzeugschein fragen, Geschwindigkeitsverstöße ahnden, die Atemalkoholmessung vornehmen, Warndreieck und den Verbandkasten sehen wollen.

In hierarchischen Strukturen sollten Sie sich Klarheit über Ihre Rolle verschaffen.

Aber der Bürger? Wie findet er sich zurecht im Interaktionsprozess mit der „Obrigkeit"? Grundsätzlich nur so, dass Sie es machen wie die Beamten: Kommunikation statt Konfrontation. Sie müssen jedenfalls nicht unterwürfig sein. Bleiben Sie nicht im Wagen sitzen, steigen Sie aus dem Auto aus und begeben Sie sich gleichsam auf Augenhöhe. Auch ist es gut, über die eigenen Rechte Bescheid zu wissen, die Möglichkeiten von Beschwerde und Einspruch. Erfragen Sie den Namen des Beamten und seine Dienstnummer, notieren Sie Ort und Uhrzeit. Apropos Handy: In nicht eindeutiger Rechtslage können Sie über eine der verschiedenen Hotlines Tag und Nacht telefonisch Rechtseinkünfte einholen.

So komme ich mit jedem klar

Es gibt schon schwierige Gesprächssituationen! Der eine himmelhochjauchzend, der andere zu Tode betrübt, der eine gemütlich, der andere in Stress, der eine betagt, der andere ein cooler Teenie. Kulturelle oder soziale Unterschiede wollen überbrückt sein, unterschiedliche Bildungshorizonte, unterschiedliche Interessenlagen. Verstehen und Verstandenwerden sind in diesen Fällen noch weniger selbstverständlich als sonst. Für solche Gespräche bilden Höflichkeit, freundliche Neugierde und ungeteilte Aufmerksamkeit zusammen eine tragfähige Brücke. Dialogbereitschaft und Dialogfähigkeit sind in diesem Zusammenhang oft gebrauchte Schlagworte und in der Tat benötigt es vor allem diese innere Einstellung, die sicheres und offenes Aufeinanderzugehen überhaupt erst ermöglicht.

Die Jungen und die „Gruftis“

– „Mit siebzig hat man nun mal einen großen Schatz an Wissen, Können und Erfahrung. Da könnt ihr ruhig mal zuhören!“
– „Die Zeiten haben sich nun einmal verändert, Großvater. Du hast ja überhaupt keine Ahnung, wie es heute zugeht.“
– „Ach was, wir haben ganz andere Zeiten erlebt.“
Unterschiedliche Lebenserfahrung, unterschiedliches Lebensgefühl. Gut gemeinte Ratschläge. Wertewandel. Eine Zerreißprobe? Wie kommt man trotz der Jahrzehnte dazwischen miteinander ins Gespräch? Politische Instanzen haben es erkannt: Der Generationendialog ist das unentbehrliche Gespräch der Gesellschaft mit sich selbst – wie ja ein Kind auch nur in der produktiven Auseinandersetzung mit seinen Eltern erwachsen werden kann. Es braucht Zeit und Wärme, wenn Menschen aneinander reifen wollen und wenn dabei etwas herauskommen soll. Scheuen Sie trotzdem nicht konstruktive Kritik: Die Wahrheit ist nie etwas anderes gewesen als das vorläufige Ergebnis von Auseinandersetzungen, morgen schon kann sie mit neuen Erkenntnissen und besseren Erklärungen ganz anders aussehen.
– „Ich will mich ja nicht drücken, aber ausnutzen lasse ich mich auch nicht.“
– „Du musst auf uns auch mal Rücksicht nehmen. Wir haben Stress pur, das nächste Wochenende brauchst du nicht mit unserem Besuch zu rechnen.“
Mit solch emotional aufgeladenen Sätzen funktioniert der Generationendialog nicht. Sensibilität im Umgang von Jung und Alt entsteht, wenn jeder zunächst sich selbst befragt: „Wie kann ich das Verständnis fördern?“
Nur so kann aus der Auseinandersetzung mit dem Gegenüber ein

ANDERE LÄNDER, ANDERE SITTEN

Die im Folgenden vorgestellten Beispiele deuten die ganze Bandbreite der unterschiedlichen Kommunikationsformen dieser Welt an, deren Beherrschung im Zeitalter der Globalisierung immer wichtiger wird.
Wenn Griechen nicken, dann meinen sie „nein". US-Amerikaner legen auch bei geschäftlichen Besprechungen großen Wert auf Smalltalk. In Asien, Afrika und in der arabischen Welt darf Gastfreundschaft armer Menschen nie mit Geld oder verschwenderischen Gegeneinladungen erwidert werden. Japaner geben nie die Hand. Sie verneigen sich stattdessen. Je höher die Person, desto tiefer die Verneigung. Nicht nur Japaner reagieren pikiert auf körperliche Berührung. Ein Araber gibt einer fremden Frau nie ohne Aufforderung dazu die Hand. Denn für sehr viele Moslems dürfen muslimische Frauen nur von ihrem Mann berührt werden. Inder wiederum bedanken sich selten, denn nach ihrem religiösen Verständnis kommt das Gute von den Göttern.

persönlicher, kultureller und gesellschaftlicher Mehrwert erwachsen. Das beidseitige Bemühen um den Generationendialog ist gekennzeichnet durch

- Offenheit und Lernbereitschaft
- eine Sprache, die die verschiedenen Generationen verstehen
- innere Beobachtung und Aufmerksamkeit
- von Herzen sprechen und die Begegnung zulassen
- Respekt vor dem Andersartigen
- etwas in der Schwebe halten können, vorübergehend „entlassen" können

Interkulturelle Kommunikation

Deutsche meinen „nein", wenn sie nein sagen, Engländer sagen „I'm sorry", wenn sie „nein" meinen, und Japaner sagen vielleicht sogar „yes", wenn sie „nein" meinen. Im Zeitalter der Globalisierung wird interkulturelle Kompetenz immer mehr zu einer Schlüsselqualifikation. Die Bereitschaft, sich auf fremde Kulturen und Sitten einzulassen, zählt dabei ebenso viel wie Sprachkenntnisse. Denn gepaukte Vokabeln allein reichen nicht aus für eine erfolgreiche internationale Kommunikation.

Missverständnisse, die durch mangelnde Kenntnisse fremder Kulturen entstehen, sorgen für erheblichen wirtschaftlichen Schaden und deshalb legen Weltkonzerne auch großen Wert auf berufliche Auslandsaufenthalte und entsprechende Mitarbeiterschulung. Überall, wo Menschen mit unterschiedlichen Denkmustern, religiösen und moralischen Wertvorstellungen, Verhandlungs- und Führungsstilen zusammenarbeiten, ist nicht nur Toleranz, sondern „cultural awareness" notwendig. Der Mensch muss sich im 21. Jahrhundert in mehreren kulturellen Welten zurechtfinden, und das sogar innerhalb der eigenen Landesgrenzen.
Konfliktfreudige westliche Manager, die mit „undurchsichtigen" Japanern verhandeln, könnten größere Erfolge haben, wenn sie wüssten, dass in Japan direkte Kritik als grobe Unhöflichkeit gilt. Warum begleiten Jordanier ihre Frauen zum Arzt, statt an der Projektbesprechung teilzunehmen? Und warum halten Amerikaner sich endlos mit dem Smalltalk auf? Warum darf man den Frauen arabischer Geschäftspartner nicht zuerst die Hand geben?
Das Interesse, über den eigenen Tellerrand hinauszusehen, lohnt sich bestimmt: Vorkenntnisse und Lernbereitschaft erleichtern das Mitreden im Kreis ausländischer Mitbürger oder Kollegen und die Aufmerksamkeit, die einem für seine kulturelle Aufgeschlossenheit entgegengebracht wird, ist mit Gold nicht aufzuwiegen.

Mitreden in der Gruppe

Einerseits: Die unproduktiven, nervaufreibenden Gesprächsrunden sind allen ein Gräuel. So werden Kreativität und Motivation vergeudet. Der erhoffte Gedankenaustausch hat sich wieder nicht eingestellt. Resultate zeichnen sich nicht einmal am Horizont ab. Aufwand und Ergebnis stehen in einem krassen Missverhältnis. Das Ergebnis: frustrierte Teilnehmer und Zeitverschwendung.
Anderseits: Bürgerforum, Elternverein, Selbsthilfegruppe, Mitgliederversammlung, Verbraucherinitiative, Uni-Fachschaft: Beteiligung ist alles! Nur wer mitredet, gestaltet mit.
Im Berufsleben ist kommunikative Kompetenz die erste Sprosse auf der Karriereleiter. Nur wer effektive Gespräche führt, hat Erfolg. Mit dem richtigen Know-how schafft

Der interkulturelle Dialog funktioniert, wenn jeder Verständnis für die andere Seite aufbringt und auch bereit ist, Fehltritte des Gegenübers in der interkulturellen Kommunikation zu verzeihen.

man es spielend, mitzureden und überzeugend aufzutreten.

Teamgespräche im Assessment Center

So nennen sich nach dem englischen Wort „assessment" – Bewertung, Einschätzung – Verfahren und Einrichtungen zur Personalbeurteilung und Mitarbeiterschulung. Das richtige Verhalten in Teamgesprächen ist dort ein grundlegendes Anforderungskriterium. Das Erfassen von Meinungsvielfalt, das Erkennen von Ressourcen und Kompetenzen in einer Gruppe, die Stärkung des Teamgeists, das ist das Lernziel der Seminarteilnehmer. Die Bewertung ihres individuellen Durchsetzungsvermögens und ihrer Aufgeschlossenheit ist gleichzeitig Gegenstand dieser bisweilen als unangenehm empfundenen Prüfungssituation: Mancher Teilnehmer fühlt sich auf dem psychologischen Prüfstand.
Die Aufgabenstellung entspricht meist diesem Muster: Eine Gruppe von vier bis sechs Personen versammelt sich für eine oder mehrere Stunden. In dieser Zeitspanne sollen von den Teilnehmern Lösungen für knifflige Probleme gefunden werden oder auch nur die Einigung auf ein Thema erfolgen. Dabei stehen ihr Selbstbewusstsein, ihr kreatives Denken, ihr souveräner Gesprächsstil bei Smalltalk und Businesstalk, ihre Art, Argumente vorzubringen, unter der Beobachtung professioneller Personaltrainer. Denn es geht für die Teilnehmer darum, im direkten Vergleich mit den anderen gut abzuschneiden. Die Beobachter beurteilen nach folgenden Kriterien:
Soziale Kompetenz: Kontaktfähigkeit, Einfühlungsvermögen, Integrationsfähigkeit, Kooperationsfähigkeit, Selbstdisziplin, Zuhörfähigkeit, Überzeugungskraft, rhetorische Fähigkeiten.
Systematisches Denken und Handeln: Kombinationsfähigkeit, Entscheidungsfähigkeit, Problemerkennung, Entwicklung von Alternativen.
Aktivitätspotenzial: Führungskraft, Selbstwertgefühl, Durchsetzungsvermögen, Zielstrebigkeit.
Ein guter Tipp: Zunächst mal aktiv zuhören. Hat einer der Teilnehmer etwas Essenzielles gesagt, dem Sie sich vorbehaltlos anschließen können, haken Sie ein, vielleicht mit einer kleinen Variation der Aussage. Dümpelt die Diskussion lau vor sich hin, ergreifen Sie die Initiative und versuchen Sie, die formale Vorgehensweise festzulegen. Damit

haben Sie das Gespräch in Gang gebracht und Führungsqualität bewiesen. Wenn ein Thema diskutiert wird, das Ihnen liegt, dann sollten Sie Ihre fachliche Überlegenheit – bei aller Kollegialität – durchaus zeigen. Bleiben Sie bei Ihrem Standpunkt und überzeugen Sie mit klaren Argumenten. Wahren Sie den direkten Kontakt mit Ihrem Gesprächspartner, das verschafft Selbstvertrauen, wirkt professionell und sympathisch.

Diskussionsformen

Hinter komplexen Redesituationen mit mehreren oder vielen Teilnehmern lassen sich zwei unterschiedliche Gesprächsmuster erkennen: Statement-Diskussion: Der Sprecher gibt eine fest gefügte Erklärung ab, ohne auf die Ansichten und Argumente der Mitdiskutierenden einzugehen, sein Vorredner hat ihm gerade nur als Stichwortgeber gedient.
Argument-Diskussion: Hier formuliert der jeweilige Sprecher seine Meinung in ständiger Rückkopplung zu den Ansichten seiner Partner. Er versteht seine Wortmeldung als einen Redebeitrag, der ergänzt und weitergedacht werden kann. Diese Form der Diskussion zeichnet sich durch eine lockere, offene Form aus. Der Redende kann von sich aus das Wort an den Nächsten weitergeben und unterstreicht damit, dass er alle Mitredner als gleichberechtigt anerkennt.
Diese unterschiedlichen Arten der Wortmeldung stehen auch für unterschiedliche Diskussionsstile: In der Statement-Diskussion lauert jeder auf die Möglichkeit, ans Reden zu kommen und am Reden zu bleiben („Lassen Sie mich ausreden! Ich habe Sie schließlich auch ausreden lassen!“). In der Argument-Diskussion herrscht dagegen eine relative Gelassenheit. Da der Leitfaden der Sache den Verlauf des ergebnisoffenen Gesprächs bestimmt, hat jeder das Gefühl, rechtzeitig und ausführlich zu Wort zu kommen.

Die Argument-Diskussion ist zweifellos die produktivste und kooperativste Form der Diskussion.

Ja, aber in welcher der beiden Diskussionsformen verschaffe ich mir mehr Gehör? Darauf gibt es keine eindeutige Antwort. Aber in der Regel wird die Argument-Diskussion vorzuziehen sein, denn sie ist auf Kooperation ausgerichtet und schafft Vertrauen. Ein überzeugendes Argument kann eine überhitzte Gesprächsrunde zum Verstummen bringen. Ein bedächtig formulierter Einwand Aufmerksamkeit erzwingen. Letztlich aber liegt vor allem im Sprecherprestige, Engagement und Sachverstand des Redners das Geheimnis einer wirkungsvollen Wortmeldung begründet.

Einstieg in die Diskussion

Die beste Möglichkeit, mit der eigenen Meinung Gehör zu finden, bietet häufig der Anfang einer Diskussion. Nutzen Sie diese oft noch unentschiedene Phase, um sich mit Ihrem Redebeitrag einzubringen. Überlegen Sie, worauf Sie hinauswollen, formulieren Sie diesen Zielsatz und gliedern Sie Ihre Argumente so, dass sie immer auf dieses Ziel hinführen:

„Ich bin der Meinung, die Gefahren der Umgehungsstraße werden bisher nicht umfassend benannt. Ich habe daher einige Überlegungen angestellt, Informationen eingeholt und möchte sie Ihnen hier zu Gehör bringen:

1. In dem Neubaugebiet, durch das die geplante Straße führen soll, leben 43 Familien mit über 60 Kin-

MODERATIONSMETHODE

Für zielgerichtete Diskussionen in größerer Gruppe ist die Moderationsmethode ein bewährtes Instrument. Sie unterscheidet sich deutlich von dem Verhalten eines Talkshow-Moderators!

Denn sie greift weit aktiver in den Gesprächsverlauf ein, indem der Moderator der Gruppe hilft, die richtigen Themen auszuwählen und zu strukturieren, sich an den roten Faden zu halten und kooperativ Lösungsansätze zu entwickeln. Mit aktivierendem und zielgerichtetem Fragen wird immer wieder in den Diskussionsverlauf eingegriffen. Dazu wird schon im Vorhinein ein genauer Ablaufplan erstellt, die Moderation inhaltlich, methodisch, organisatorisch vorbereitet.

Mit diesem kontrollierenden und steuernden Gesprächsverhalten lässt sich Ineffektivität, Zähigkeit und Zeitverschwendung vermeiden. Und wer diese mehr oder weniger neutrale Rolle ausübt, hat natürlich selbst viele Möglichkeiten, seine Vorstellungen einzubringen.

dern im schulpflichtigen Alter. Dort gibt es bis jetzt eine Zone 30.
2. Die in einer weiteren Ausbaustufe geplante Anbindung an die Autobahn wird durch ein im Wesentlichen landwirtschaftliches und forstwirtschaftliches Gebiet führen, das von ortsansässigen Bauern bewirtschaftet und von den Anwohnern als Naherholungsgebiet genutzt wird.
3. Die geplante Umgehungsstraße würde noch zusätzlich Verkehr von der Bundesstraße anziehen und so für ein deutlich erhöhtes Verkehrsaufkommen sorgen.
Deshalb sollte die Bürgerinitiative mit einem Planungsbüro Gespräche aufnehmen und Alternativen entwickeln, die als Grundlage für Gespräche mit den zuständigen Behörden dienen können."

Smalltalk

In geselliger Runde und beim zwanglosen Smalltalk geht es um nichts. Wirklich? Um nichts? Geht es nicht eher sogar um ziemlich viel? In der Tat. Denn es geht um freundliche Kontaktaufnahme und Kontaktpflege, um die Bereitschaft, Offenheit für andere zu zeigen und ihnen respektvolle Aufmerksamkeit zu signalisieren. Nicht umsonst gilt Smalltalk als „soziales Schmiermittel". Er erleichtert den Zugang zum Nächsten, weil man niemandem zu nahe tritt, von niemandem etwas fordert.
In Smalltalk-Situationen geraten wir eigentlich unentwegt: Beim Einkaufen, unterwegs in der S-Bahn oder im Taxi, in der Betriebskantine und beim Friseur, auf Partys und im Theaterfoyer, im Kaffeehaus, im Sportverein usw. Nie ist Mitreden so unbelastet wie im Smalltalk, und nie stehen die Chancen günstiger, sich auf sympathische Weise mit anderen bekannt zu machen. Deshalb lohnt es sich, den Smalltalk bei jeder passenden Gelegenheit zu üben und so Routine zu erwerben in einer Kunst, die einem Menschenkenntnis bringt und zu sicherem Auftreten verhilft.
In ideale Smalltalk-Situationen begibt sich, wer als Gast Feste in privatem Rahmen besucht oder auf Partys geht, wo sich ein gemischtes Publikum aus Bekannten und Fremden tummelt. Hier bieten sich ausgezeichnete Möglichkeiten, neue Leute kennen zu lernen und mit ihnen ins Plaudern zu kommen: „Guten Abend. Ich bin die Erika. Ich bin eine Schulfreundin von der Maria. Und wer bist du?"
Es ist ganz selbstverständlich, dass bei zwanglosen Festen jeder mit

Beim Smalltalk sollten Sie darauf achten, dass Themen wie Politik, Krankheit oder Religion tabu sind. Wählen Sie Themen, die gute Stimmung entstehen lassen und keine Konflikte bergen.

jedem sprechen kann. Gute Unterhaltung beruht auf Gegenseitigkeit. Am Rand zu stehen und darauf zu warten, dass ein Freund oder der Gastgeber die Aufgabe des Miteinander-Bekanntmachens übernimmt, wäre völlig fehl am Platz. Präsentieren Sie sich selbst auf eine entspannte Art und Weise und halten Sie sich zunächst an die „Fünf-Minuten-Regel“: Ein paar Sätze hier, ein paar Sätze da. Der Abend ist lange genug, um den Gesprächsfaden mit interessanten Leuten später wieder aufzunehmen.

Smalltalk kostet Sie nicht viel, aber der positive Effekt, die soziale Rendite, ist unbezahlbar.

Es ist auch durchaus erlaubt, einfach in die laufende Unterhaltung von kleineren Grüppchen einzusteigen. Nehmen Sie mit einem offenen, freundlichen Blick Kontakt zur ganzen Runde auf, stellen Sie sich kurz vor, und hören Sie zunächst nur aktiv zu. Ein Smalltalk ergibt sich dann von ganz alleine. Wer die Initiative nicht ergreift, läuft Gefahr, am Ende nur mit jenen gesprochen zu haben, die er sowieso schon kannte. „Wir haben uns gut unterhalten“ – kann man etwas Angenehmeres über einen netten Abend sagen?

Darauf kommt es an

Nicht alle Wortmeldungen sind rhetorische Meisterleistungen, Hauptsache sie erfüllen ihren Zweck. Der Redner hat sein Ziel erreicht, wenn sich seine Zuhörer, je nach Situation, informiert, unterhalten oder motiviert fühlen. Gewisser rhetorischer Fähigkeiten bedarf es dazu jedoch schon – und je besser Sie reden können, desto leichter wird es Ihnen gelingen, Ihr Ziel zu erreichen.
Warum also nicht auch im Privatleben oder im beruflichen Bereich jene Kommunikationsgeheimnisse anwenden, die Profis bei ihrer Arbeit erfolgreich einsetzen? Das lohnt sich: Denn für den Einzelnen geht es immer um einiges, wenn er seinen persönlichen Anliegen Gehör verschaffen möchte oder sich mit seinen Argumenten in die Debatte einbringen will.

Moderne Produktwerbung

Erfolgreiche moderne Management- und Marketingtechnik gebraucht zwei „Waffen“: Dynamik und Animation. Dynamik, das steht für Innovation, Fortschritt, Entwicklung, Modernität. Animation, das heißt Interesse, Begeisterung, Kaufimpuls.

Es ist auffallend zu beobachten, dass auf großen internationalen Messen ein neues Stilmittel in der Publikumsansprache zum Einsatz kommt: die Doppelconference. In dialogischer Struktur besprechen zwei PräsentatorInnen, zwecks bester Verständlichkeit ausgerüstet mit Mini-Mikrophonen, ein Produkt; ihr Businesstalk wird im wahrsten Sinne des Wortes anschaulich begleitet: Sie stehen vor einer Leinwand mit Powerpoint oder passenden Bildern.
Das Gespräch läuft entspannt und gleichzeitig strikt themenzentriert ab. Zur Sicherheit hat jeder beziehungsweise jede Präsentierende einige Kärtchen mit Stichwörtern in der Hand. Der Aufmerksamkeitsfaktor ist enorm: Das Publikum wird wie mit einem Magnet hineingezogen in die Zuseherrolle. Schon erhöht sich die Verweildauer der Menschen am Messestand.
Der Show-Auftritt nutzt den psychologischen Vorteil der „optischen Rhetorik“: Wir Menschen im Medienzeitalter sind geradezu konditioniert auf Zusehen und können während dieses uns so ganz natürlichen Vorgangs indirekt von den Qualitäten des dargestellten Produkt überzeugt werden. Gerade der individuelle Live-Charakter der

IM GESPANN

Die Doppelconference bietet – neben ihrer besonderen Lebendigkeit – den Vorteil, dass man im Gespann selbstsicherer auftritt, ja gegebenenfalls seine Redeangst überwindet. Da Sie nicht alleine und unvorbereitet vor Ihr Publikum treten, kann kaum etwas schief gehen. Es braucht für diese Form der Darstellung kein großes schauspielerisches Talent. Das Engagement, das die „Schausteller“ in der Sache einbringen, reicht völlig aus.
Die Doppelconference lässt sich nicht nur in der Werbung, sondern auch in vielen anderen Situationen einsetzen. Was wollen Sie den Vereinsmitgliedern oder Ihren Kollegen „verkaufen“? Gerade wenn man ein größeres Publikum zu etwas animieren will, empfiehlt sich diese Darbietung. Warum also nicht bei der Initiative „Blühendes Dorf“ mit einer solchen Doppelconference dafür werben, dass jeder sein Haus mit Blumenschmuck versieht? Und warum nicht auf diese Weise beim Adventsmarkt Spenden sammeln für einen wohltätigen Zweck? Diese Methode hat sich tausendfach bewährt!

Mit der Verteilung von klar differenzierten Inhaltskomponenten auf zwei Sprecher lassen sich Botschaften prägnanter und lebendiger an den Mann und die Frau bringen als bei einer herkömmlichen Präsentation.

Szene – zwei sprechende Personen in scheinbarer Interaktion – macht ihre Effizienz aus.
– „Aufgepasst!"
– „Warum soll ich dir zuhören?"
– „Weil ich dir das beste Haarshampoo aller Zeiten empfehlen kann."
– „Warum glaubst du das es das beste ist?"
– „Es verhindert Splitting. Auf diesem Bild siehst du, wie hässlich gespaltene Haarspitzen sind. Sie sind nicht nur hässlich, sie sind krank."
– „Ich habe gesundes Haar."
– „Wie wunderbar. Aber die Umwelteinflüsse strapazieren die Haare von uns allen. Deswegen ist ein Schutzfilm so notwendig."
– „Ein Schutzfilm?"
– „Ja, Bella Wash hat den Schutzfilm, der das Haar schützt vor allen aggressiven Einwirkungen von außen: Sonnenlicht, Schmutz, Schweiß, Schadstoffe aus der Luft."

Verkaufen

Gesprächseröffnung, Bedarfsermittlung, Information, Einwandbehandlung, Fragetechnik, Alternativangebote, Gesprächsabschluss: Verkaufsgespräche gehören zu den meistanalysierten Gesprächsabläufen. Kein Wunder, hängt von ihnen doch der Umsatz ab. Um Kunden zum Beispiel im textilen Einzelhandel so zu bedienen, dass sie zufrieden mit einer Tüte das Geschäft verlassen (und auch gerne wiederkommen!), ist Freundlichkeit im Service oberstes Gebot.
Damit allein ist ein Verkaufsabschluss aber noch nicht garantiert. Vor allem in Geschäften mit „Vorwahlsystem", also den Läden, in denen der Kunde sich selbst frei umsehen und orientieren kann, ist es notwendig, in ein verbindlicheres Gespräch hineinzukommen.
Hier empfiehlt sich die situationsgerechte Kundenansprache, und zwar im Gegensatz zur banalen Floskel: „Kann ich Ihnen helfen?" Aufmerksamkeit für körpersprachliche Signale und ein gutes „Feeling" sind beste Voraussetzungen, um jeden Kunden persönlich und vor allem im richtigen Augenblick anzusprechen.
Im weiteren Verlauf hält sich der Verkäufer an ganz bestimmte Fragen: offene Fragen, Bestätigungsfragen und Klärungsfragen. Damit kommt er mit dem Kunden in einen Dialog und vermittelt ihm das Gefühl seines seriösen Bemühens um individuelle Beratung.
– „Kann ich Ihnen bei Ihrer Suche nach einem Pullover weiterhelfen?

Sie sehen sich so suchend um?“
– „Ich hätte gerne einen Pullover in diesem neuen Schnitt.“
– „Aha, da suchen Sie bestimmt einen solchen Trapez-Pulli? Stimmt das?“
– „Ja genau. Bloß die Farbe ...“
– „Womit möchten Sie den Pulli denn gerne kombinieren?“
– „Ich habe fast nur Jeans.“
– „Das stimmt genau zum 50er-Jahre-Look. Sie können diese Trapez-Pullis auch gut zu anderen schmalen Hosen tragen. Möchten Sie ihn anprobieren? Die Kabinen sind dort hinten!“
Die Kundin zieht sich um.
– „Ich finde, er steht Ihnen sehr gut, Sie sind genau der Typ dazu. Wie fühlen Sie sich?“
– „Gut. Aber ich sehe, der Pulli ist nicht aus reiner Baumwolle ...“
– „Da haben Sie recht. Die Polyamid-Beimischung verhindert das Verziehen nach der Maschinenwäsche, außerdem trocknet er schneller. Ich zeige Ihnen jetzt gerne noch Pullis in reiner Baumwolle.“

Verhandeln

Beim Verhandeln geht es um viel: um Erfolg, um Vorteile, um ein Ziel, mindestens jedoch um Selbstachtung. Und ohne Mitsprache gibt es überhaupt kein Verhandeln. Die Entscheidung, die am Ende getroffen wird, hängt ganz davon ab, wie zuvor mit Worten operiert wurde. Hart, aber fair? Mit Pokerface? Offen? In vielen Teilen der Erde ist Verhandeln nicht nur ein geschäftlicher Vorgang, sondern ein sozialer und geradezu künstlerischer Zeitvertreib, der jedem Beteiligten Spaß macht. Vielleicht könnten wir uns von dieser lebensklugen Einstellung etwas abschauen?

Jeder gewinnt

Zwar ist auch in unseren Breiten der ganz harte Verhandlungsstil out, doch nicht immer ist es möglich, dass beide Verhandlungspartner als Sieger vom Tisch aufstehen. Hat jetzt der verloren, der kooperationsbereit und mit offenem Visier verhandelt hat? Muss man tricksen und bluffen, um nicht der Gelackmeierte zu sein? Es steht doch fest: Wenn ich in eine Verhandlung hineingehe, dann will ich etwas erreichen. Die Sache hat nur einen Haken: Das denkt jeder.
Deshalb könnte ein Ziel sein, so zu verhandeln, dass es nicht zu Lasten des einen oder anderen geht. Wenn Sie zum Beispiel über Ihr Gehalt verhandeln, dann müssen nicht Sie der Verlierer sein oder der Chef, der mehr zahlen muss. Sie könnten

sich ja auch darauf einigen, dass Sie für mehr Lohn mehr arbeiten. Dann haben Sie beide einander Zugeständnisse gemacht, die allen Beteiligten letztlich mehr bringen als der einseitige Sieg beziehungsweise die einseitige Niederlage. Solche „Win-Win-Strategien" werden gerne angestrebt, sind aber nicht immer durchzuziehen, vor allem dann nicht, wenn der Verhandlungspartner in autoritären Denkmustern befangen ist.

Techniken und Tricks

Wenn Sie bestehen wollen, dann müssen Sie die Techniken und Tricks des harten Verhandelns kennen, um nicht über den Tisch gezogen zu werden. Unfaire Machtspielchen und Manipulationen kommen meist dann zum Einsatz, wenn großer äußerer Druck besteht. Schauen Sie vor dem Zocken in Ihr eigenes Blatt:

- ➔ Was habe ich zu bieten?
- ➔ Womit kann ich Gegendruck ausüben?
- ➔ Wo liegt meine Schmerzgrenze?

Und stellen Sie Überlegungen zur Position Ihres Partners an:

- ➔ Wie viel Entscheidungsspielraum hat er?
- ➔ Wofür ist mein Gegenüber keinesfalls zu haben?

Sammeln Sie harte und weiche Argumente: Weisen Sie auf Nachteile hin, die sich Ihr Verhandlungspartner einhandelt, wenn er nicht nachgibt. Zeigen Sie ihm auch die Vorteile, wenn er Ihnen ein Stück weit entgegenkommt. Informieren Sie sich vor dem Verhandeln gründlich: Sammeln Sie Zahlen und holen Sie Rechtsauskünfte ein. Und kontrollieren Sie Ihren Verhandlungsstil: Die „Gummigranit-Taktik" ist jedenfalls einen Versuch wert – im Kern steinhart, im Auftreten äußerst verbindlich. Sagen Sie Ihrem Verhandlungspartner ein paar Nettigkeiten und gehen Sie mit möglichst positiven Gefühlen zur Sache: „Ich bin gut!"

Problemlösungsgespräch

„Probleme sind dazu da, um gelöst zu werden." Es ist ein Zeichen von sozialer Kompetenz, Problemen flexibel zu begegnen und sich mehrere Lösungsvorschläge vorstellen zu können. Schlechte „Problemlöser" verharren in ihrer Frustration und suchen das Problem auf emotionale Weise zu lösen: Durch Kampf auf Biegen und Brechen, mit Sieg oder Niederlage. Das mit menschlicher Reife geführte Problemlösungsgespräch hingegen geht besonnen vor, unter vertrauensvoller Anteilnah-

LÖSUNGSWEGE ERFAGEN

Was kann getan werden, um das Problem zu lösen?
Welche Gegenkräfte können mobilisiert werden?
Gibt es bereits Lösungen für vergleichbare Probleme?
Wie kann man dem Problem ausweichen?
Welche Lösungen sind bereits angedacht?
Was machen andere in der gleichen Lage?

me, mit Aufmerksamkeit und Verständnis und es erfordert zwingend ein sachliches Mitreden von allen Beteiligten:
Es beginnt mit der Problemidentifizierung:

- Was genau ist das Problem?
- Wann ist es aufgetreten?
- Welche Gründe gibt es für das Problem?
- Welche Kräfte verkleinern beziehungsweise vergrößern das Problem?
- Wen betrifft das Problem?
- Welche unterschiedlichen Problemsichten gibt es?
- Welche Auswirkungen werden beklagt?
- Was geschieht, wenn nichts getan wird?

Darauf erst erfolgt der Versuch der eigentlichen Problemlösung:

- Tatsachen und Meinungen trennen
- Gleiche Informationen für alle
- Möglichst alle Argumente hören
- Problemfaktoren gewichten
- Von den Gesprächspartnern eigene Lösungsmöglichkeiten finden lassen
- Eigenverantwortung fordern und fördern
- Zur Selbstprüfung und Verständigungsbereitschaft anregen: Wer macht was mit wem, wann, wie und wo?

Raus mit der Sprache!

In Versammlungen, Kursen, Lerngruppen, Übungen fällt immer wieder auf, dass sich nur einige wenige Anwesende mit eigenen Redebeiträgen melden. Das wäre nicht weiter schlimm, wenn die „Schweiger" sich in ihrer Haut wohlfühlten und wenn sie nachher zufrieden und bereichert nach Hause gingen. Desinteresse oder blankes Unverständnis werden auch nicht der Grund für ihre passive Rolle gewesen sein, sonst wären sie doch gar nicht zu dem Termin erschienen. Es muss also andere Gründe geben.

Die Chance ergreifen

Die statistische Wahrscheinlichkeit spricht dafür, dass Redehemmungen und Sprechangst als Ursache gelten können. Nicht alles Schweigen ist aber individuellen Schwächen anzulasten. Auch der Faktor Bequemlichkeit kommt hier mit ins Spiel und damit ist jetzt der Punkt gekommen, an das Mitreden-Wollen zu appellieren.

Verschenken Sie nicht die Chancen, die das Mitreden bietet: ein Mehr an Information, ein Mehr an Aufmerksamkeit, ein Mehr an Kommunikation, ein Mehr an Durchsetzungspotenzial. „Wer nicht fragt, bleibt dumm", heißt es und hinzufügen könnte man „und unzufrieden". Selbstzufriedenheit und Selbstwertgefühl hängen in einem entscheidenden Maß vom Mitreden ab. Nur wer mitredet, hat es in der Hand, zu gestalten, Dinge in seinem Sinn zu beeinflussen, Verantwortung zu übernehmen, eine gesellschaftliche Aufgabe zu übernehmen.

Ergreifen Sie die Chance mitzureden, ansonsten wird das Leben an Ihnen vorüberziehen.

Seien Sie unnachsichtig mit sich selbst und schieben Sie nicht Ihre vermeintlichen Unzulänglichkeiten so in den Vordergrund, dass Sie sich dahinter verstecken können. Damit rechtfertigen Sie Ihre Passivität nur vor sich selber. Haben Sie Angst, etwas Banales, Nebensächliches oder Falsches zu sagen? Auf Kritik zu stoßen? Hier der dazu gehörende Merksatz: Man darf viele Fehler im Leben machen, nur einen nicht – aus Angst vor Fehlern gar nichts zu machen.

Gesprächsblockaden auflösen

Alle reden mit. Und dann das: Nichts geht mehr. Jeder verharrt auf seinem Standpunkt. Wie jetzt miteinander klar kommen? Vielleicht liegt es bloß daran, dass der Nachrichtenfluss verstopft ist; dann müssen eben die Kanäle von Sendern und Empfängern gereinigt und die Gesprächsschleusen geöffnet werden.

Bei totaler Blockade hilft nur eines: Die Lage, so wie sie ist, genau beschreiben oder protokollieren, sich vertagen. Gemeinsamkeiten verorten, Absprachen treffen, Mehrheiten suchen.

Im Zwiegespräch aber gibt es nicht die demokratische Lösung der Mehrheitsentscheidung. Hier heißt es vor allem, an der inneren Einstellung zu arbeiten, den störrischen Gesprächspartner zu respek-

POSITIONSBESTIMMUNG

Es gibt eine ganze Reihe von Satzformeln, mit deren Hilfe sich Gesprächsblockaden auflösen lassen. Diese Formulierungen dienen vor allem zur Klärung der unterschiedlichen Positionen der Gesprächsteilnehmer. Eine Klärung wiederum kann die Voraussetzung für eine Problemlösung bilden.

- „Wenn ich dich richtig verstanden habe, bist du im Grunde nicht bereit ..."
- „Kommen wir weiter, wenn ich sage, dass ..."
- „Korrigiere mich bitte, wenn du meinst, ich liege falsch mit meiner Annahme ..."
- „Ich habe dich in diesem Punkt nicht verstanden. Bitte erkläre es mir noch einmal ..."
- „Ich fürchte, ich habe mich missverständlich ausgedrückt. Lass es mich so versuchen ..."
- „Legen wir die Karten auf den Tisch."
- „Kann es sein, dass ich dich missverstanden habe und du meinst, dass ..."

tieren und in der Zwischenzeit auf Störungssuche gehen:

- Könnte ich mein Anliegen vielleicht noch besser formulieren? Besprechen Sie den Fall mit einem Dritten. Erzählen Sie ihm, wie Sie bisher in der Angelegenheit vorgegangen sind. Versteht er Sie? Oder müssen Sie anders argumentieren?
- Überprüfen Sie Ihre Taktik. Läuft da vielleicht manches im Unterbewusstsein ab? Halten Sie sich für vertrauensvoll? Oder haben Sie dem anderen bisher nur Teilwahrheiten offenbart?
- Ist der andere auf der sprachlichen Ebene überhaupt fähig, Ihner Argumentation zu folgen? Drücken Sie sich zu kompliziert aus? Verwenden Sie zu viele Argumente auf einmal? Sprechen Sie zu gefühlsbetont? Gibt es Reibungsflächen zwischen Ihnen, die regelmäßig Widerstände erzeugen, obwohl Sie sich das nicht so recht erklären können?
- Will der andere überhaupt mit Ihnen über Ihr Anliegen reden? Vielleicht hat er im Moment ganz andere Sorgen.
- Bemühen Sie sich, alle negativen Emotionen loszuwerden.
- Lösen Sie selbst sich von dem Problem.

Der Dialog zwischen den Geschlechtern sollte vor allem durch besonders sorgfältiges Zuhören geprägt sein – Nachfragen nicht ausgeschlossen.

Mitreden: Frauen und Männer

Wie gelingt es der Frauenbeauftragten, in der von Männern dominierten Personalvertretung Gehör zu finden? Gerade Frauen, die in der Gleichstellungspolitik aktiv sind, können davon ein Lied singen. Sich erfolgreich wehren, Einsprüche formulieren, über seine Rechte Bescheid wissen, Positionen durchsetzen, selbstbewusst auftreten, das sind Frauenthemen, die sich noch lange nicht erledigt haben.

Das Paradoxe dabei ist, dass Frauen als die um einiges kommunikationsbegabteren Wesen gelten, Zuhörenkönnen und Mitfühlen ausgesprochen weibliche Qualitäten sind. Umso mehr sollten Frauen in die Offensive gehen, und um besser mitreden zu können, ist der Aufbau von Frauennetzwerken sicherlich notwendig.

Es ist aber auch wissenschaftlich erwiesen und als Problem erkannt, dass Männer und Frauen einander im wahrsten Sinne des Wortes nicht verstehen. Denn die männliche und die weibliche Kommunikation, das sind grundverschiedene Dinge: Frauen haben eine indirekte Art zu reden, Männer eine direkte. „Liebling, möchtest du heute Abend mit mir essen gehen?“ Jede Frau würde eine solche Frage ohne den geringsten Zweifel als Aufforderung interpretieren, abends um die Häuser zu ziehen. Männer hingegen fassen diese Frage als Auswahlmöglichkeit auf und ihre Antwort wird entweder ein schlichtes „ja“ oder ein glasklares „nein“ sein. Frauen sind Meisterinnen der verbalen Umwege. Eine Frau spricht täglich zwischen 6000 und 8000 Wörter, Männer haben mit 4000 Wörtern ihr Tagespensum erfüllt. Ein Mann, ein Wort – eine Frau, ein Wörterbuch. Diesen Witz hat wohl jeder schon gehört.

Mit Humor kommt man in alltäglichen Situationen über diese naturgegebene Tatsache vielleicht hinweg, doch sonst wird nur der konstruktive Dialog weiterhelfen und das bewusste Antrainieren des jeweils anderen, geschlechtsspezifischen Kommunikations-Plus: lösungs- und handlungsorientiertes Sprechen als Aufgabe für die Frauen, beziehungs- und gesprächsorientiertes Verhalten als Aufgabe für die Männer.

Hiobsbotschaft

Die Angst vor unangenehmen Wahrheiten ist riesengroß. Denn warum sonst verschanzen wir uns vor der Wahrheit, drücken herum, beschönigen, vertuschen? Kommu-

nikationsberater fordern für Krisenzeiten: Offensives Umgehen mit den Problemen. Fehler zugeben und Lösungen gleich mitliefern:
„Hör mal, unser Konto ist am Limit. Ich werde einen Kleinkredit aufnehmen. Die monatliche Rate bekomme ich rein, indem ich ...“
„Wir hätten die Plakate vor allem im Stadtzentrum anbringen lassen sollen. Jetzt ist es dafür zu spät. Aber wir können noch Flyer verteilen ...“
Fehler in der Kommunikation schlechter Nachrichten sind nur schwer zu verzeihen. Denn schlechte Nachrichten kommen früher oder später sowieso heraus, und zwar mit dem äußerst unangenehmen Schneeballeffekt: Wer nicht offensiv und ehrlich Fehler eingesteht, muss mit sehr kritischen Reaktionen rechnen, mit Misstrauen und Unterstellungen. Zerstörtes Vertrauen ist nicht leicht wiederherstellbar.
Über Probleme, die Dritte aufdecken, wird kritischer berichtet, als wenn Beteiligte selbst damit an die Öffentlichkeit gehen. Verantwortung übernehmen ist schon der erste positive Energieschub: „Ja, wir haben einen Fehler gemacht. Wir haben uns aber eine Strategie überlegt, wie wir nun mit dieser Situation umgehen können.“ Eine kluge „Fehlerkultur“ erklärt Zusammenhänge und bewirkt damit Verständnis bei dem Umfeld für die Dinge, die passiert sind. Sogar in Unternehmen werden Fehler eher verziehen, wenn Mitarbeiter frühzeitig eingeweiht und um ihre Meinung befragt wurden.

Konflikte gehören zum Leben

Kommunikationsprozesse beinhalten unweigerlich auch Meinungsverschiedenheiten, Konflikte und Auseinandersetzungen. Überall, wo Menschen schaffen, machen sie auch sich zu schaffen. Was also tun? Das Losungswort lautet: Offene Streitkultur.

Konstruktive Streitkultur

Eine Auseinandersetzung darf nie zum Selbstzweck werden, denn was ist damit gewonnen, wenn eine Beleidigung die nächste jagt? Ein Streitgespräch muss ausschließlich der Zielklärung dienen und darf die Beziehung möglichst nicht in Frage stellen (das Gesicht wahren).
Die Kenntnis der Konfliktlösungs-Stufen gehört zum Einmaleins im souveränen Miteinander: Problem

DIPLOMATIE

Ellbogentechnik? Setzen Sie besser auf sanfte Diplomatie. Nicht nur in klassischen Job-Situationen helfen die folgenden Regeln beim Durchsetzen eigener Interessen:

- Konkret ausgearbeitete Ideen als Vorschlag in die Debatte einbringen
- Streitpunkte in Vorschläge verpacken
- Fehler unumwunden zugeben und dazu eine akzeptable Lösung vorschlagen.
- Loyalität ohne Anbiederung: Jeder ist ein möglicher Verbündeter.
- Der Fünf-Fragen-Trick ist immer eine gute Empfehlung: Bei Forderungen oder Wünschen zunächst vier Fragen stellen, die nur mit „ja" beantwortet werden können, und erst als letzte Frage das eigentliche Anliegen formulieren – auf viermal „ja" kommt selten ein „nein", weil unser Gehirn auf Gewohnheit gepolt ist!
- Geschickt formulieren, zurückhaltend agieren
- Die Absichten und Wünsche eines jedes Anwesenden mitberücksichtigen

erkennen – Bedürfnisse und Interessen beider Konfliktparteien benennen – Pro und Kontra einschätzen – Maßnahmen setzen. Bis ein Konflikt ausgetragen ist, das kann dauern. Doch wer eine ernsthafte Auseinandersetzung nicht scheut, der ist kein Streithansel, sondern es geht ihm um den Wert einer Sache. Der Verhandlungsstandpunkt im Rahmen einer offenen Streitkultur lässt sich an dieser Positionsbestimmung gut darstellen:

„In dieser Umbruchphase versuchen wir Gewerkschafter, so viel wie möglich unsere Überlegungen mit einfließen zu lassen. Wir vertreten hier am Ort 5000 Kolleginnen und Kollegen, die uns ihr Vertrauen geschenkt haben. Entscheidend sind die inhaltlichen Positionen. Schließlich gehört es zu unseren Kernaufgaben, uns in soziale Konflikte einzumischen. Wir müssen Alternativen aufzeigen und der zunehmenden Entsolidarisierung innerhalb der Gesellschaft Widerstand entgegensetzen. Es ist an uns, eine wirklich demokratische, offene Streitkultur zu pflegen. Gewerkschaften voranzubringen, heißt immer auch, andere Meinungen zu respektieren, sie ernst zu nehmen, zuzuhören und die vielfältigen Interessen zu bündeln."

Es kracht ...

Wie viel Porzellan wäre nicht zerschlagen worden, wenn die Konflikteinschätzung im konstruktiven, zielorientierten Gespräch erfolgt wäre! Doch es ist vollkommen anders gekommen. Der Streit wurde geschürt, die Absichten verschärften sich und die Ausdrucksweise ebenfalls. Es hat gekracht. Mit der Aufmerksamkeit für den Partner ist es vorbei. Wie jetzt noch im Gespräch bleiben? Nach all dem, was gesagt wurde? Entschuldigen? Warum nicht? „Mensch, ich wollte wirklich nicht, dass du dich jetzt schlecht fühlst. Ich hätte dir nicht so kommen dürfen."
Jede Seite kann einen Konflikt stoppen. Aber ist damit das Problem aus der Welt? Nein, das sicherlich nicht. Aber die Beziehungsseite ist vielleicht repariert und damit ist wieder Boden unter den Füßen gewonnen. Entschuldigungen spielen eine ganz wichtige Rolle bei der Aufrechterhaltung von zwischenmenschlichen Beziehungen. Sich aus Höflichkeit zu entschuldigen, ist freilich etwas anderes, als eigene Schuld zuzugestehen. Dazu gehört manchmal durchaus menschliche Größe.
Eine andere Strategie lautet: „Vergiss es!" Hier scheut einer der Sprecher den Aufwand einer zusätzlichen Erklärung oder kann dem Partner sein Anliegen nicht verständlich machen. Bei Kleinigkeiten ist so ein Verfahren weise. In zentralen Lebensbereichen und auf die Dauer führt derartiges Verhalten in Resignation und Fatalismus.
Vielleicht liegt eine Lösung darin, den Krach ganz einfach zu akzeptieren. Denn auch wer Kommunikation trainiert hat, wird im Falle eines akuten Streites aktives Zuhören vergessen. Die meisten Streitgespräche enden ergebnislos, das haben viele Untersuchungen von Psychologen festgestellt. Wir können es lernen hinzunehmen, dass Menschen sich achten und trotzdem über eine ganz bestimmte Angelegenheit in die Wolle kriegen.
Übrigens: Es soll schon vorgekommen sein, dass jemand einen Streit vom Zaun gebrochen hat, um Aufmerksamkeit zu erzielen.

Kompromiss oder Konsens

Eine Garantie, dass alle anderen der eigenen Meinung zustimmen, die gibt es leider nicht. Da dem so ist, tut man gut daran, sich ver-

Achtung vor faulen Kompromissen: Wenn ein Kompromiss zwar keine Seite benachteiligt, aber auch niemandem etwas bringt, dann sollte man lieber gleich auf ihn verzichten.

handlungsbereit zu zeigen und auch einen Kompromiss in Betracht zu ziehen. Das fällt hier und da schwer, denn schließlich ist man ja von der Richtigkeit des eigenen Standpunktes überzeugt. Kompromissbereitschaft bedeutet aber, auch dann nachzugeben, wenn man mit dem ausgehandelten Ergebnis nicht ganz einverstanden ist. Konsensbereitschaft dagegen lässt sich von den besseren Argumenten überzeugen, selbst wenn ursprünglich eine ganz andere Position vertreten wurde. Oft lassen wir es aus Trotz oder verletzter Eitelkeit nicht zu, uns von der schlüssigen Argumentation des anderen überzeugen zu lassen. Unvoreingenommenes Hören auf den eigenen Verstand kann dem gut gelingen, der mit dieser Einstellung in eine Diskussion hineingeht: Um zu lernen, nicht um zu gewinnen.

Jeder soll gewinnen: Mediation

Diplomatie ist sehr erwünscht, wenn es um Mediation geht. Diese Methode wird – in Schulen und Betrieben, bei Ehestreitigkeiten und Parteienkonflikten – immer häufiger praktiziert, um Kommunikation in Krisensituationen wieder in Gang zu bringen, Konflikte konstruktiv zu bearbeiten. Sie bietet sich vor allem dann an, wenn die Parteien auch nach dem Streit miteinander umgehen wollen oder müssen.
Der Mediator als unbeteiligter Dritter unterstützt die Kontrahenten, eine ihren Interessen entsprechende Lösung zu finden. Denn: Der Schlichter ist kein Richter. Der Schlichter steht dem Problem völlig distanziert gegenüber. Er ergreift nicht Partei, er bietet keine Lösungen an, er droht erst recht nicht Sanktionen an. Er hilft den Betroffenen nur durch einfühlsame Fragen und nüchterne Zusammenfassung, ihre Konfliktsituation nach allen Seiten hin darzustellen und selbst Lösungen zu finden. Er organisiert Klärungsprozesse und fädelt Lernprozesse ein, indem er Weichen stellt. Er ermutigt zum unkonventionellen Denken, auch auf die Gefahr hin, dass Fehler und Erkenntnisumwege entstehen. Am Ende des Gesprächs oder auch mehrerer Gesprächsrunden steht eine Vereinbarung, die wie ein Abkommen schriftlich festgehalten wird und die für beide Parteien verpflichtend ist.
Für Mediatoren ist es manchmal gar nicht so einfach, sich nicht in den Streit hineinziehen zu lassen. Doch in der bewussten Wahrung

dieser Außenposition liegen die Chancen der Schlichtung begründet. Die Technik der Mediation ist natürlich nicht nur dem Krisenmanagement vorbehalten. Wir können sie in ganz alltäglichen Zusammenhängen anwenden, wenn wir mitreden wollen: Wenn die Kinder streiten, in der Mitgliederversammlung die Köpfe rauchen, das Gemeindegespräch stattfindet, der Betriebsausflug geplant wird ...

Mitreden

Bleiben Sie nicht schweigend am Rande stehen. Sie haben gelesen, auf wie wenige, aber wichtige Dinge es ankommt, um sich mit Wirkung zu Wort zu melden: Selbstbewusstsein, Überzeugung, Sachkenntnis, Respekt vor dem Gesprächspartner, kluge Wortwahl. Dazu kommt noch die Freundlichkeit als der beste Türöffner.

Produktive Kommunikation

Berufliche Erfüllung, gesellschaftliche Anerkennung und ein harmonisches Familienleben hängen in entscheidendem Ausmaß von der Fähigkeit des Menschen zu guter Kommunikation mit seiner Umgebung ab: davon, sich selbst mitzuteilen, und davon, dem anderen Aufmerksamkeit zu schenken. Wer mit seinem Reden und seinem Verhalten beiträgt, Kommunikation herzustellen, wer die Leute und sich ins Gespräch bringt, der bewirkt etwas. Je öfter Sie diese schöne Erfahrung des „Etwasbewirkens“ machen können, umso mehr Spaß werden Sie an praktizierter Kommunikation finden.

Verbesserung der Situation

Menschen, die mitreden, entwickeln kreative Ideen und sinnvolle Initiativen. Sie haben eine Macher-Mentalität und sind dabei, wenn etwas entschieden wird. Dieses Benehmen beruht auf ihrer optimistischen Weltsicht. Sie sehen das Leben reich an Möglichkeiten, die jeder ausschöpfen kann – dadurch bekommt das Leben einen Sinn. Zur Selbstbestimmtheit gehört eben auch, dass man ständig an der Verbesserung seiner eigenen Situation und der der Gemeinschaft arbeitet. Dass man dabei Aufmerksamkeit und Anerkennung erfährt, zählt im Grunde nur zu den angenehmen Begleiterscheinungen.

WER MITREDET, BESTIMMT MIT UND NUTZT DIE MÖGLICHKEITEN, DIE IHM DAS LEBEN BIETET.

Literaturhinweise

Birkenbihl, Vera F.: Rhetorik. Redetraining für jeden Anlass. Berlin 1998

Carnegie, Dale: Besser miteinander reden. Das richtige Wort zur richtigen Zeit – die Kunst sich überzeugend mitzuteilen. Ein Leitfaden der Kommunikation in Alltag und Beruf. Frankfurt am Main 2003

Fischer, Cornelia: Smalltalk. Stuttgart 2004

Gill, Lucie: So kommen Sie mit jedem klar. Die 3-Stufen-Lösung für Konflikte mit Chefs und Kollegen. München 2002

Goleman, Daniel: EQ2. Der Erfolgsquotient. München 2000

Gross, Stefan F.: Beziehungsintelligenz. Talent und Brillanz im Umgang mit Menschen. Landsberg am Lech 1997

Jung, Norbert, Haase, Monika: Welche Signale sendet der andere? Die Körpersprache wahrnehmen und verstehen. München 1993

Kopperschmidt, Josef: Allgemeine Rhetorik: Einführung in die Theorie der persuasiven Kommunikation. Stuttgart 1986

Ryborz, Heinz: Die elegante Art zu überzeugen. Wie Sie gewinnen, ohne zu kämpfen. 5. Aufl. München 2001

Schulz von Thun, Friedemann: Miteinander reden. Reinbek bei Hamburg 1981

Wagner, Karl: Reden ist immerhin Silber. Sprechtechnik und Rhetorik. Stuttgart 1983

Watzlawick, Paul: Menschliche Kommunikation. Bern 1969 (10. Aufl. 2003)